Électre

Paru dans Le Livre de Poche :

ONDINE.

INTERMEZZO.

SIEGFRIED ET LE LIMOUSIN.

LA GUERRE DE TROIE N'AURA PAS LIEU.

AMPHITRYON 38.

LA FOLLE DE CHAILLOT.

Jean Giraudoux

Électre

Pièce en deux actes

1937

Préface de Jean-Pierre Giraudoux
Commentaires et notes
de Jacques Body

Bernard Grasset

Jacques Body, né en 1929, est professeur à l'université François-Rabelais (Tours). Secrétaire-fondateur de l'Association des Amis de Jean Giraudoux, il est l'auteur de *Jean Giraudoux et l'Allemagne* (Didier, 1975), ouvrage couronné par l'Académie française, et de *Jean Giraudoux. La légende et le secret* (P.U.F., 1986). Il a recueilli et publié plusieurs textes de Jean Giraudoux : *Or dans la nuit* (Grasset, 1969), *Carnet des Dardanelles* (Le Bélier, 1969), *Lettres* (Klincksieck, 1975). Il dirige l'édition des Œuvres complètes dans la bibliothèque de la Pléiade, inaugurée avec le *Théâtre complet* (Gallimard, 1982).

Préface

Je n'ai pas souvenir d'avoir jamais parlé en profondeur d'*Électre* avec Jean Giraudoux. A dix-huit ans, j'aurais certes pu et dû oser un tel dialogue mais, étrangement, malgré une certaine précocité — à cause d'elle ? — j'évitais le plus souvent de discuter avec mon père ce qu'il avait écrit.

Toutefois, j'avais lu et apprécié la pièce avant qu'elle ne se jouât. J'y tenais le personnage d'Électre, « femme à histoires », pour inspiré par ma mère qui ne cessait d'en faire et peut-être l'auteur partageait-il ce triste sentiment.

Savait-il vraiment quel était son propos ? Même s'il avait médité une œuvre avant de lui donner naissance, Jean Giraudoux remplissait une page blanche — soutenu par la mémoire prodigieuse qui me fait défaut — comme sous une dictée céleste, obéissant à son génie plutôt que le maîtrisant.

Comme par définition, dans *Électre*, mère et fille se disputaient... (De même que, depuis mon adolescence, je me heurtais constamment à ma mère.) Sur scène, les duels de cette sorte devaient être exemplaires. Or, de notoriété publique, mère et fille s'empoignaient férocement au Gymnase. Je fis donc une expédition dans le théâtre de Boulevard où était représenté *Espoir*, drame bourgeois de ce Bernstein dont mon père ne savourait pas la manière et le ton et qu'il entendait bien ne pas se forcer à subir à nouveau.

Moi, je fus « bon public » — je l'étais encore à cette époque —, captivé par le combat parisien mais sans merci entre Gabrielle Dorziat et Renée Devillers... Pour l'*Électre* paternelle, il y avait là, à mes yeux, un tandem idéal. Je le suggérai, enthousiaste, à mon père qui le proposa à Jouvet, lequel l'accepta non sans gémir de ce que les cachets des comédiennes fussent supérieurs à ceux usuels à l'Athénée.

De fait, dans l'*Électre* giralducienne, la querelle entre Clytemnestre et sa fille, si fascinante soit-elle, est anecdotique comme traditionnelle. Cette tragédie — mais mon père avait réservé le mot « tragédie » à *Judith* — est une prémonition prophétique — le quasi-pléonasme ne me gêne pas — de 1968 et de la contestation.

Pourquoi mis-je si longtemps à m'en rendre compte ?

En 1959, la Comédie-Française voulut reprendre *La guerre de Troie n'aura pas lieu*. Pour un motif puissant et précis — sa plus grande difficulté ? — j'imposai *Électre*. J'imposai aussi Annie Ducaux — la superbe — pour le rôle de Clytemnestre, à laquelle le metteur en scène aurait préféré une maîtresse du moment, d'ailleurs non sans talent.

J'eus, en outre, à me battre pour que la fameuse tirade du Mendiant sur les petits canards ne fût pas supprimée. Cependant, je n'étais pas choqué que, si beaucoup d'autres joliesses étaient maintenues — pas toutes indispensables — on eût coupé de nombreuses et percutantes phrases où la fille d'Agamemnon apparaissait — neuf années avant l'heure — avec ses vertus et avec ses défauts, avec son fanatisme, comme une soixante-huitarde. Et, devant le spectacle mutilé, je n'analysais pas alors mon insatisfaction.

Deux ou trois ans plus tard, la pièce fut à nouveau programmée pour une grande tournée qui devait se terminer par un retour à Paris. Annie Ducaux fut chargée de reprendre la mise en place et la direction d'acteurs.

Soudain, je voyais clair : les coupures m'horrifièrent. Pour ne pas vexer le metteur en scène originel — originel mais pas original — il fut décidé qu'après chaque répétition où Électre-Geneviève Casile prononçait, face à Égisthe, le texte émasculé, je lui adresserais une lettre recommandée lui enjoignant de rétablir les passages indûment supprimés. Et ce fut comme un jeu d'où naquit, entre Annie Ducaux et moi-même, une amitié profonde. Mai 68 ne fut-il pas aussi une sorte de jeu ?

Un des charmes d'*Électre* — et un de ses dangers — est que le très long texte — le plus shakespearien de Jean Giraudoux — a besoin, comme les œuvres de Shakespeare, d'être émondé pour être bien saisi entre Cour et Jardin, que tout metteur en scène peut le faire, selon son goût et selon son talent, et que la pièce — beaucoup plus que les autres — à chaque reprise renaît neuve.

JEAN-PIERRE GIRAUDOUX.

Électre

Pièce en deux actes

Personnages

ÉLECTRE	Mmes Renée Devillers.
CLYTEMNESTRE	Gabrielle Dorziat.
AGATHE	Madeleine Ozeray.
LA FEMME NARSÈS	Raymone.
LES EUMÉNIDES	Marthe Herlin, Monique Mélinand, Denise Pezzani.
LES PETITES EUMÉNIDES . . .	Véra Pharès, Nicole Munié-Berny, Clairette Fournier.
LE MENDIANT	MM. Louis Jouvet.
ÉGISTHE	Pierre Renoir.
LE PRÉSIDENT	Romain Bouquet.
ORESTE	Paul Cambo.
LE JARDINIER	Alfred Adam.
LE JEUNE HOMME	Jean Deninx.
LE CAPITAINE	Robert Bogar.

LE GARÇON D'HONNEUR ...   *Maurice Castel.*

LES MAJORDOMES ....   { *Julien Barrot,*
      René Belloc.

UN MENDIANT ....   *André Moreau.*

Invités villageois. Soldats. Serviteurs. Écuyers et suivantes.
Mendiantes et mendiants :
Pamela Stirling. Émile Villard. Paul Ménager.
Robert Geller.
Constant Darras. Fernand Bellan.
Roger Astruc.

Électre fut représentée pour la première fois au théâtre
Louis-Jouvet (Athénée) le jeudi 13 mai 1937 sous la
direction de Louis Jouvet.

Musique de scène de Vittorio Rieti.
Décor de Guillaume Monin.
Costumes de Dimitri Bouchène et Karinska.

Acte I

Cour intérieure dans le palais d'Agamemnon.

Scène 1

L'ÉTRANGER, LES PETITES EUMÉNIDES,
LE JARDINIER, LES VILLAGEOIS

*Un étranger (Oreste) entre escorté de trois petites filles,
au moment où, de l'autre côté, arrivent le jardinier, en
costume de fête, et les invités villageois.*

PREMIÈRE PETITE FILLE. Ce qu'il est beau, le jardinier !

DEUXIÈME PETITE FILLE. Tu penses ! C'est le jour de son mariage.

TROISIÈME PETITE FILLE. Le voilà, monsieur, votre palais d'Agamemnon !

L'ÉTRANGER. Curieuse façade !... Elle est d'aplomb ?

PREMIÈRE PETITE FILLE. Non. Le côté droit n'existe pas. On croit le voir, mais c'est un mirage. C'est comme le
10 jardinier qui vient là, qui veut vous parler. Il ne vient pas. Il ne va pas pouvoir dire un mot.

DEUXIÈME PETITE FILLE. Ou il va braire. Ou miauler.

LE JARDINIER. La façade est bien d'aplomb, étranger ;
n'écoutez pas ces menteuses. Ce qui vous trompe, c'est
que le corps de droite est construit en pierres gauloises[1]
qui suintent à certaines époques de l'année. Les habi-
tants de la ville disent alors que le palais pleure. Et que
le corps de gauche est en marbre d'Argos, lequel, sans
qu'on ait jamais su pourquoi, s'ensoleille soudain, même
20 la nuit. On dit alors que le palais rit. Ce qui se passe,
c'est qu'en ce moment le palais rit et pleure à la fois.

PREMIÈRE PETITE FILLE. Comme cela il est sûr de ne pas
se tromper.

DEUXIÈME PETITE FILLE. C'est tout à fait un palais de
veuve.

PREMIÈRE PETITE FILLE. Ou de souvenirs d'enfance.

L'ÉTRANGER. Je ne me rappelais pas une façade aussi sen-
28 sible...

LE JARDINIER. Vous avez déjà visité le palais ?

PREMIÈRE PETITE FILLE. Tout enfant.

DEUXIÈME PETITE FILLE. Il y a vingt ans.

TROISIÈME PETITE FILLE. Il ne marchait pas encore...

LE JARDINIER. On s'en souvient, pourtant, quand on l'a
vu.

L'ÉTRANGER. Tout ce que je me rappelle, du palais d'Agamemnon, c'est une mosaïque. On me posait dans un
losange de tigres quand j'étais méchant, et dans un hexa-
gone de fleurs quand j'étais sage. Et je me rappelle le
chemin qui me menait rampant de l'un à l'autre... On
40 passait par des oiseaux.

PREMIÈRE PETITE FILLE. Et par un capricorne.

L'ÉTRANGER. Comment sais-tu cela, petite ?

LE JARDINIER. Votre famille habitait Argos ?

L'ÉTRANGER. Et je me rappelle aussi beaucoup, beaucoup
de pieds nus. Aucun visage, les visages étaient haut dans
le ciel, mais des pieds nus. J'essayais, entre les franges,
de toucher leurs anneaux d'or. Certaines chevilles
étaient unies par des chaînes ; c'était les chevilles d'es-
claves. Je me rappelle surtout deux petits pieds tout
50 blancs, les plus nus, les plus blancs. Leur pas était toujours égal, sage, mesuré par une chaîne invisible. J'imagine que c'était ceux d'Électre. J'ai dû les embrasser,
n'est-ce pas ? Un nourrisson embrasse tout ce qu'il
touche.

DEUXIÈME PETITE FILLE. En tout cas, c'est le seul baiser
qu'ait reçu Électre.

LE JARDINIER. Pour cela, sûrement.

PREMIÈRE PETITE FILLE. Tu es jaloux, hein, jardinier ?

L'ÉTRANGER. Elle habite toujours le palais, Électre ?

DEUXIÈME PETITE FILLE. Toujours. Pas pour long-
61 temps.

L'ÉTRANGER. C'est sa fenêtre, la fenêtre aux jasmins ?

LE JARDINIER. Non. C'est celle de la chambre où Atrée, le
premier roi d'Argos, tua les fils de son frère.

PREMIÈRE PETITE FILLE. Le repas où il servit leurs cœurs
eut lieu dans la salle voisine. Je voudrais bien savoir
quel goût ils avaient.

TROISIÈME PETITE FILLE. Il les a coupés, ou fait cuire
entiers ?

DEUXIÈME PETITE FILLE. Et Cassandre fut étranglée dans
71 l'échauguette.

TROISIÈME PETITE FILLE. Ils l'avaient prise dans un filet
et la poignardaient. Elle criait comme une folle, dans sa
voilette... J'aurais bien voulu voir.

PREMIÈRE PETITE FILLE. Tout cela dans l'aile qui rit, comme tu le remarques.

L'ÉTRANGER. Celle avec les roses ?

LE JARDINIER. Étranger, ne cherchez aucune relation entre les fenêtres et les fleurs. Je suis le jardinier du palais. Je
80 les fleuris bien au hasard. Ce sont toujours des fleurs.

DEUXIÈME PETITE FILLE. Pas du tout. Il y a fleur et fleur. Le phlox[1] va bien mal sur Thyeste.

TROISIÈME PETITE FILLE. Et le réséda sur Cassandre.

LE JARDINIER. Vont-elles se taire ! La fenêtre avec les roses, étranger, est celle de la piscine où notre roi Agamemnon, le père d'Électre, glissa, revenant de la guerre, et se tua, tombant sur son épée.

PREMIÈRE PETITE FILLE. Il prit son bain après sa mort.
89 A deux minutes près. Voilà la différence.

LE JARDINIER. La voilà, la fenêtre d'Électre.

L'ÉTRANGER. Pourquoi si haut, presque aux combles ?

LE JARDINIER. Parce que, de cet étage, on voit le tombeau de son père.

L'ÉTRANGER. Pourquoi dans ce retrait ?

LE JARDINIER. Parce que c'est l'ancienne chambre du petit Oreste, son frère, que sa mère envoya hors du pays quand il avait deux ans, et dont on n'a plus de nouvelles.

DEUXIÈME PETITE FILLE. Écoutez, écoutez, mes sœurs !
100 On parle du petit Oreste !

LE JARDINIER. Voulez-vous partir ! Allez-vous nous laisser ! On dirait des mouches[2].

PREMIÈRE PETITE FILLE. Nous ne partirons pas. Nous sommes avec l'étranger.

LE JARDINIER. Vous connaissez ces filles ?

L'ÉTRANGER. Je les ai rencontrées aux portes. Elles m'ont suivi.

DEUXIÈME PETITE FILLE. Nous l'avons suivi parce qu'il nous plaît.

TROISIÈME PETITE FILLE. Parce qu'il est rudement plus
111 beau que toi, jardinier.

PREMIÈRE PETITE FILLE. Les chenilles ne lui sortent pas de la barbe.

DEUXIÈME PETITE FILLE. Ni les hannetons du nez.

TROISIÈME PETITE FILLE. Pour que les fleurs sentent bon, il faut sans doute que le jardinier sente mauvais.

L'ÉTRANGER. Soyez polies, mes enfants, et dites-nous ce que vous faites dans la vie.

PREMIÈRE PETITE FILLE. Nous y faisons que nous ne
120 sommes pas polies.

DEUXIÈME PETITE FILLE. Nous mentons. Nous médisons. Nous insultons.

PREMIÈRE PETITE FILLE. Mais notre spécialité, c'est que nous récitons.

L'ÉTRANGER. Vous récitez quoi ?

PREMIÈRE PETITE FILLE. Nous ne le savons pas d'avance. Nous inventons à mesure. Mais c'est très, très bien.

DEUXIÈME PETITE FILLE. Le roi de Mycènes, dont nous
130 avons injurié la belle-sœur, nous a dit que c'était très, très bien.

TROISIÈME PETITE FILLE. Nous disons tout le mal que nous pouvons trouver.

LE JARDINIER. Ne les écoutez pas, étranger. On ne sait qui elles sont. Elles circulent depuis deux jours dans la ville, sans amis connus, sans famille ! Si on leur demande qui

elles sont, elles prétendent s'appeler les petites Euménides. Et l'épouvantable, est qu'elles grandissent, qu'elles grossissent à vue d'œil... Hier, elles avaient des années
140 de moins qu'aujourd'hui... Viens ici, toi !

DEUXIÈME PETITE FILLE. Ce qu'il est brusque, pour un marié !

LE JARDINIER. Regardez-la... Regardez ces cils qui poussent. Regardez sa gorge. Je m'y connais. Mes yeux savent voir pousser les champignons... Elle grandit sous les yeux... à la vitesse d'une oronge...

DEUXIÈME PETITE FILLE. Les vénéneux battent tous les records.

TROISIÈME PETITE FILLE, *à la première.* Elle grossit, ta
150 gorge, à toi ?

PREMIÈRE PETITE FILLE. Récitons-nous, oui ou non ?

L'ÉTRANGER. Laissez-les réciter, jardinier.

PREMIÈRE PETITE FILLE. Récitons Clytemnestre, mère d'Électre. Vous y êtes, pour Clytemnestre ?

DEUXIÈME PETITE FILLE. Nous y sommes.

PREMIÈRE PETITE FILLE. *La reine Clytemnestre a mauvais teint. Elle se met du rouge.*

DEUXIÈME PETITE FILLE. *Elle a mauvais teint parce qu'elle a mauvais sommeil.*

TROISIÈME PETITE FILLE. *Elle a mauvais sommeil parce*
161 *qu'elle a peur.*

PREMIÈRE PETITE FILLE. *De quoi a peur la reine Clytemnestre ?*

DEUXIÈME PETITE FILLE. *De tout.*

PREMIÈRE PETITE FILLE. *Qu'est-ce, que tout ?*

DEUXIÈME PETITE FILLE. *Le silence. Les silences.*

TROISIÈME PETITE FILLE. *Le bruit. Les bruits.*

PREMIÈRE PETITE FILLE. *L'idée qu'il va être minuit. Que l'araignée sur son fil est en train de passer de la partie du 170 jour où elle porte bonheur à celle où elle porte malheur.*

DEUXIÈME PETITE FILLE. *Tout ce qui est rouge, parce que c'est du sang.*

PREMIÈRE PETITE FILLE. *La reine Clytemnestre a mauvais teint. Elle se met du sang !*

LE JARDINIER. Quelles histoires stupides !

DEUXIÈME PETITE FILLE. C'est bien, n'est-ce pas ?

PREMIÈRE PETITE FILLE. Comme nous rattrapons le commencement avec la fin, c'est on ne peut plus poé-180 tique.

L'ÉTRANGER. Très intéressant.

PREMIÈRE PETITE FILLE. Puisque Électre vous intéresse, nous pouvons réciter Électre. Vous y êtes, sœurs ? Nous pouvons réciter ce qu'elle était, Électre, à notre âge.

DEUXIÈME PETITE FILLE. Je le pense, que nous y sommes !

TROISIÈME PETITE FILLE. Depuis que nous n'étions pas nées, depuis avant-hier, nous y sommes !

PREMIÈRE PETITE FILLE. *Électre s'amuse à faire tomber 190 Oreste des bras de sa mère.*

DEUXIÈME PETITE FILLE. *Électre cire l'escalier du trône pour que son oncle, Égisthe, le régent, s'étale sur le marbre !*

TROISIÈME PETITE FILLE. *Électre se prépare à cracher à la figure de son petit frère Oreste, si jamais il revient.*

PREMIÈRE PETITE FILLE. Cela, ce n'est pas vrai. Mais ça fait bien.

DEUXIÈME PETITE FILLE.
> *Depuis dix-neuf ans elle amasse*
200 > *Dans sa bouche un crachat fielleux.*

TROISIÈME PETITE FILLE.
> *Elle pense à tes limaces,*
> *Jardinier, pour saliver mieux.*

LE JARDINIER. Cette fois, taisez-vous, sales petites vipères !

DEUXIÈME PETITE FILLE. Ah ! là ! là ! Le marié se fâche.

L'ÉTRANGER. Il a raison. Filez.

LE JARDINIER. Et ne revenez pas !

PREMIÈRE PETITE FILLE. Nous reviendrons demain.

LE JARDINIER. Essayez ! Le palais est interdit aux filles de 212 votre âge !

PREMIÈRE PETITE FILLE. Demain nous serons grandes.

DEUXIÈME PETITE FILLE. Demain sera le lendemain du mariage d'Électre avec son jardinier. Nous serons grandes.

L'ÉTRANGER. Que disent-elles ?

PREMIÈRE PETITE FILLE. Tu ne nous as pas défendues, étranger, tu t'en repentiras !

LE JARDINIER. Affreuses petites bêtes. On dirait trois peti221 tes Parques ! C'est effroyable, le destin enfant.

DEUXIÈME PETITE FILLE. Le destin te montre son derrière, jardinier. Regarde s'il grossit !

PREMIÈRE PETITE FILLE. Venez, sœurs. Laissons-les tous deux devant leur façade gâteuse.

> *Sortent les petites Euménides, devant qui s'écartent avec terreur les invités.*

Jean Giraudoux et Louis Jouvet assistant à une répétition d'Électre (1940).

Scène 2

L'ÉTRANGER, LE JARDINIER, LES VILLAGEOIS, AGATHE, LE PRÉSIDENT

Entrent le président du tribunal et sa jeune femme, Agathe Théocathoclès.

L'ÉTRANGER. Que disent ces filles ! Que tu épouses Électre, toi, le jardinier ?

LE JARDINIER. Elle sera ma femme dans une heure.

AGATHE THÉOCATHOCLÈS. Il ne l'épousera pas. Nous
230 venons pour l'en empêcher.

LE PRÉSIDENT. Jardinier, je suis ton cousin éloigné, et second président du tribunal. Puisque je peux, à double titre, te donner un conseil, fuis vers tes radis et tes courges, n'épouse pas Électre.

LE JARDINIER. C'est l'ordre d'Égisthe.

L'ÉTRANGER. Suis-je fou ? Si Agamemnon vivait, le mariage d'Électre serait la cérémonie de la Grèce, et Égisthe la donne à un jardinier, dont même la famille proteste ! Vous n'allez pas me dire qu'Électre est laide, ou bos-
240 sue !

LE JARDINIER. Électre est la plus belle fille d'Argos.

AGATHE THÉOCATHOCLÈS. Enfin, elle n'est pas mal.

LE PRÉSIDENT. Et pour droite elle est droite. Comme toutes les fleurs qui ne croient point au soleil.

L'ÉTRANGER. Est-elle alors arriérée, sans esprit ?

LE PRÉSIDENT. L'intelligence même.

AGATHE. Beaucoup de mémoire surtout. Ce n'est pas toujours la même chose. Moi je n'ai pas de mémoire. Excepté pour ton anniversaire, chéri. Cela, je ne l'oublie
250 jamais.

L'ÉTRANGER. Que peut-elle faire alors, que peut-elle dire, pour qu'on la traite ainsi ?

LE PRÉSIDENT. Elle ne fait rien. Elle ne dit rien. Mais elle est là.

AGATHE. Elle est là.

L'ÉTRANGER. C'est son droit. C'est le palais de son père. Ce n'est pas de sa faute s'il est mort.

LE JARDINIER. Jamais je n'aurais eu l'audace de songer à épouser Électre, mais puisque Égisthe l'ordonne, je ne
260 vois pas ce que j'ai à craindre.

LE PRÉSIDENT. Tu as tout à craindre, c'est le type de la femme à histoires.

AGATHE. Et s'il ne s'agissait que de toi ! Notre famille a tout à craindre !

LE JARDINIER. Je ne te comprends pas.

LE PRÉSIDENT. Tu vas la comprendre : la vie peut être très agréable, n'est-ce pas ?

AGATHE. Très agréable... Infiniment agréable !

LE PRÉSIDENT. Ne m'interromps pas, chérie, surtout pour
270 dire la même chose... Elle peut être très agréable. Tout a plutôt tendance à s'arranger dans la vie. La peine morale s'y cicatrise autrement vite que l'ulcère, et le deuil que l'orgelet. Mais prends au hasard deux groupes d'humains : chacun contient le même dosage de crime, de mensonge, de vice ou d'adultère...

AGATHE. C'est un bien gros mot, « adultère », chéri...

LE PRÉSIDENT. Ne m'interromps pas, surtout pour me contredire. D'où vient que dans l'un l'existence s'écoule douce, correcte, les morts s'oublient, les vivants
280 s'accommodent d'eux-mêmes, et que dans l'autre, c'est l'enfer ?... C'est simplement que dans le second il y a une femme à histoires.

L'ÉTRANGER. C'est que le second a une conscience.

AGATHE. J'en reviens à ton mot « adultère ». C'est quand
même un bien gros mot !

LE PRÉSIDENT. Tais-toi, Agathe. Une conscience ! Croyez-
vous ! Si les coupables n'oublient pas leurs fautes, si les
vaincus n'oublient pas leurs défaites, les vainqueurs
leurs victoires, s'il y a des malédictions, des brouilles,
290 des haines, la faute n'en revient pas à la conscience de
l'humanité, qui est toute propension vers le compromis
et l'oubli, mais à dix ou quinze femmes à histoires !

L'ÉTRANGER. Je suis bien de votre avis. Dix ou quinze
femmes à histoires ont sauvé le monde de l'égoïsme.

LE PRÉSIDENT. Elles l'ont sauvé du bonheur ! Je la connais, Électre ! Admettons qu'elle soit ce que tu dis, la
justice, la générosité, le devoir. Mais c'est avec la justice,
la générosité, le devoir, et non avec l'égoïsme et la facilité, que l'on ruine l'État, l'individu et les meilleures
300 familles.

AGATHE. Absolument... Pourquoi, chéri ? Tu me l'as dit,
j'ai oublié !...

LE PRÉSIDENT. Parce que ces trois vertus comportent le
seul élément vraiment fatal à l'humanité, l'acharnement.
Le bonheur n'a jamais été le lot de ceux qui s'acharnent.
Une famille heureuse, c'est une reddition locale. Une
époque heureuse, c'est l'unanime capitulation.

L'ÉTRANGER. Vous vous êtes rendu, vous, à la première
semonce ?

LE PRÉSIDENT. Hélas non ! Un autre a été plus rapide.
311 Aussi ne suis-je que second président.

LE JARDINIER. Contre quoi s'acharne Électre ? Elle va
chaque nuit sur la tombe de son père, et c'est tout ?

LE PRÉSIDENT. Je sais. Je l'ai suivie. Sur le même par-

cours où ma profession m'avait fait suivre une nuit
notre plus dangereux assassin, le long du fleuve, j'ai
suivi, pour voir, la plus grande innocence de Grèce.
Affreuse promenade, à côté de la première. Ils s'arrê-
taient aux mêmes places ; l'if, le coin de pont, la borne
320 milliaire font les mêmes signes à l'innocence et au
crime. Mais, du fait que l'assassin était là, la nuit en
devenait candide, rassurante, sans équivoque. Il était le
noyau qu'on a retiré du fruit, et qui ne risque plus, dans
la tarte, de vous casser les dents. La présence d'Électre
au contraire brouillait lumière et nuit, rendait équivoque
jusqu'à la pleine lune. Tu as vu un pêcheur qui, la veille
de sa pêche, dispose ses appâts ? Le long de cette rivière
noire, c'était elle. Et chaque soir, elle va ainsi appâter
tout ce qui sans elle eût quitté cette terre d'agrément et
330 d'accommodement, les remords, les aveux, les vieilles
taches de sang, les rouilles, les os de meurtres, les détri-
tus de délation... Quelque temps encore, et tout sera
prêt, tout grouillera... Le pêcheur n'aura plus qu'à passer.

L'ÉTRANGER. Il passe toujours, tôt ou tard.

LE PRÉSIDENT. Erreur ! Erreur !

AGATHE, *très occupée du jeune étranger.* Erreur !

LE PRÉSIDENT. Cette enfant elle-même voit le défaut de
votre argument. Sur nos fautes, nos manques, nos cri-
340 mes, sur la vérité, s'amasse journellement une triple
couche de terre, qui étouffe leur pire virulence : l'oubli,
la mort, et la justice des hommes. Il est fou de ne pas
s'en remettre à eux. C'est horrible, un pays où, par la
faute du redresseur de torts solitaire, on sent les fantô-
mes, les tués en demi-sommeil, où il n'y a jamais remise
pour les défaillances et les parjures, où imminent[1] toujours le revenant et le vengeur. Quand le sommeil des
coupables continue, après la prescription légale, à être
plus agité que le sommeil des innocents, une société est

350 bien compromise. A voir Électre je sens s'agiter en moi les fautes que j'ai commises au berceau.

AGATHE. Moi, mes futures fautes. Je n'en commettrai jamais, chéri. Tu le sais bien. Surtout cet adultère, comme tu t'entêtes à le nommer... Mais elles me tourmentent déjà.

LE JARDINIER. Moi, je suis un peu de l'avis d'Électre. Je n'aime pas beaucoup les méchants. J'aime la vérité.

LE PRÉSIDENT. La sais-tu, la vérité de notre famille, pour lui réclamer ainsi le grand jour ! Famille tranquille, esti-
360 mée, en pleine ascension — tu ne me contrediras pas si j'avance que tu en es le rameau le plus médiocre —, mais je sais par expérience qu'il convient de ne pas s'aventurer plus sur de pareilles façades que sur la glace. Je ne te donne pas dix jours, si Électre devient notre cousine, pour qu'il soit découvert — j'invente au hasard — que notre vieille tante a étranglé jeune fille son nouveau-né, pour qu'on le révèle à son mari, et, afin de calmer cet énergumène, qu'on ne doive plus rien lui celer des attentats à la pudeur de son grand-père. Cette
370 petite Agathe, qui est pourtant la gaieté même, n'en dort plus. Tu es le seul à ne pas le voir, le truc d'Égisthe. Il veut repasser sur la famille des Théocathoclès tout ce qui risque de jeter quelque jour un lustre fâcheux sur la famille des Atrides.

L'ÉTRANGER. Qu'a-t-elle à craindre, la famille des Atrides ?

LE PRÉSIDENT. Rien. Rien que je sache. Mais elle est comme toute famille heureuse, comme tout couple puissant, comme tout individu satisfait. Elle a à craindre
380 l'ennemi le plus redoutable du monde, qui ne laissera rien d'elle, qui la rongera jusqu'aux os, l'alliée d'Électre : la justice intégrale.

LE JARDINIER. Électre adore mon jardin. Les fleurs, si elle
   est un peu nerveuse, lui feront du bien.

AGATHE. Mais elle ne fera pas de bien aux fleurs.

LE PRÉSIDENT. Sûrement ! Tu vas les connaître enfin, tes
   fuchsias et tes géraniums. Tu vas les voir cesser d'être
   d'aimables symboles, et exercer à leur compte leur four-
   berie ou leur ingratitude. Électre au jardin, c'est la jus-
390 tice et la mémoire entre les fleurs, c'est la haine.

LE JARDINIER. Électre est pieuse. Tous les morts sont
   pour elle.

LE PRÉSIDENT. Les morts ! Ah ! je les entends les morts, le
   jour où leur sera annoncée l'arrivée d'Électre. Je les vois,
   les assassinés demi-fondus déjà avec les assassins, les
   ombres des volés et des dupes doucement emmêlées aux
   ombres des voleurs, les familles rivales éparses et dé-
   chargées les unes dans les autres, s'agiter et se dire : Ah !
   mon Dieu, voici Électre. Nous étions si tranquilles !

AGATHE. Voici Électre !

LE JARDINIER. Non. Pas encore. Mais c'est Égisthe. Lais-
402 sez-nous, étranger. Égisthe n'aime pas beaucoup les visages d'hommes inconnus.

LE PRÉSIDENT. Et toi aussi, Agathe. Il ne déteste pas assez
   les visages de femmes connus.

AGATHE, *vivement intéressée par le beau visage de l'étran-*
   ger. Vous montré-je la route, bel étranger ?

   Égisthe entre, sous les vivats des invités, cependant que
   des serviteurs installent son trône, et appliquent contre
   une colonne un escabeau.

Scène 3

LE JARDINIER, LE PRÉSIDENT, ÉGISTHE, SERVITEURS, *puis* LE MENDIANT

ÉGISTHE. Pourquoi cet escabeau ? Que vient faire cet escabeau ?

SERVITEUR. C'est pour le mendiant, seigneur.

ÉGISTHE. Pour quel mendiant ?

SERVITEUR. Pour le dieu, si vous voulez. Pour ce men-
413 diant qui circule depuis quelques jours dans la ville. Jamais on n'a vu de mendiant aussi parfait comme mendiant, aussi le bruit court que ce doit être un dieu. On le laisse entrer où il veut. Il rôde en ce moment autour du palais.

ÉGISTHE. Il change le grain en or, dans les maisons ? Il engrosse les bonnes ?

SERVITEUR. Il n'y commet aucun dommage.

ÉGISTHE. Singulière divinité... Les prêtres n'ont pas su voir
422 encore si c'était un gueux ou Jupiter ?

SERVITEUR. Les prêtres demandent qu'on ne leur pose pas la question.

ÉGISTHE. Nous laissons l'escabeau, mes amis ?

LE PRÉSIDENT. Je crois que finalement cela revient encore moins cher d'honorer un mendiant que d'humilier un dieu.

ÉGISTHE. Laisse l'escabeau. Mais s'il vient, préviens-nous.
430 Nous aurions à être strictement entre humains pendant un petit quart d'heure. Et ne le brusque pas. Peut-être est-ce le délégué des dieux au mariage d'Électre. A ce mariage, que notre président considère comme un opprobre pour sa famille, s'invitent les dieux.

LE PRÉSIDENT. Seigneur...

ÉGISTHE. Ne proteste pas, j'ai tout entendu. L'acoustique
de ce palais est remarquable... Son architecte voulait,
paraît-il, écouter les réflexions du conseil sur ses hono-
raires et son pourcentage, et il l'a rempli de cachettes
440 sonores...

LE PRÉSIDENT. Seigneur...

ÉGISTHE. Tais-toi. Je sais tout ce que tu vas me dire au
nom de ta brave et honnête famille, au nom de ta digne
belle-sœur l'infanticide, de ton oncle respecté le satyre,
et de ton déférent neveu le calomniateur.

LE PRÉSIDENT. Seigneur...

ÉGISTHE. L'officier, dans la bataille, auquel on passe le
plumet du roi pour détourner les coups des ennemis,
l'arbore avec plus d'enthousiasme... Tu perds ton temps,
450 le jardinier épousera Électre...

SERVITEUR. Voici le mendiant, seigneur.

ÉGISTHE. Retiens-le un moment. Offre-lui à boire. Le vin
est à deux fins, pour le mendiant et pour le dieu.

SERVITEUR. Dieu ou mendiant, il est déjà ivre.

ÉGISTHE. Alors, qu'il entre ; il ne nous comprendra pas,
bien que nous ayons justement à parler des dieux. Cela
peut même être curieux d'en parler devant lui. Ta théo-
rie d'Électre est assez juste, président, mais elle est bien
spéciale, elle est bourgeoise. En tant que régent, per-
460 mets-moi de t'élever aux idées générales... Tu crois aux
dieux, président ?

> *Cependant le mendiant est entré, dirigé par le servi-*
> *teur, et, avec des saluts empruntés, s'installe peu à peu*
> *sur l'escabeau, distrait pendant toute la première partie*
> *de la scène, et regardant autour de lui.*

LE PRÉSIDENT. Et vous-même, seigneur ?

ÉGISTHE. Cher président, je me suis demandé souvent si je croyais aux dieux. Je me le suis demandé parce que c'est vraiment le seul problème qu'un homme d'État se doive de tirer au clair vis-à-vis de soi-même. Je crois aux dieux. Ou plutôt je crois que je crois aux dieux. Mais je crois en eux non pas comme en de grandes attentions et de grandes surveillances, mais comme en de grandes
470 distractions. Entre les espaces et les durées, toujours en flirt, entre les gravitations et les vides, toujours en lutte, il est de grandes indifférences, qui sont les dieux. Je les imagine, non point occupés sans relâche de cette moisissure suprême et mobile de la terre qu'est l'humanité, mais parvenus à un tel grade de sérénité et d'ubiquité qu'il ne peut plus être que la béatitude, c'est-à-dire l'inconscience. Ils sont inconscients au sommet de l'échelle de toutes créatures comme l'atome est inconscient à leur degré le plus bas. La différence est que c'est une incons-
480 cience fulgurante, omnisciente, taillée à mille faces, et à leur état normal de diamants, atones et sourds, ils ne répondent qu'aux lumières, qu'aux signes, et sans les comprendre.

Le mendiant, enfin installé, se croit tenu d'applaudir.

LE MENDIANT. Bien dit. Bravo.

ÉGISTHE. Merci... D'autre part, président, il est incontestable qu'éclatent parfois dans la vie des humains des interventions dont l'opportunité ou l'amplitude peut laisser croire à un intérêt ou à une justice extra-humaine. Elles ont ceci d'extra-humain, de divin, qu'elles sont un tra-
490 vail en gros, nullement ajusté... La peste éclate bien lorsqu'une ville a péché par impiété ou par folie, mais elle ravage la ville voisine, particulièrement sainte. La guerre se déchaîne quand un peuple dégénère et s'avilit, mais elle dévore les derniers justes, les derniers courageux et sauve les plus lâches. Ou bien, quelle que soit la faute,

où qu'elle soit commise, c'est le même pays ou la même
famille qui paie, innocente ou coupable. Je connais une
mère de sept enfants qui avait l'habitude de fesser toujours le même, c'était une mère divine. Cela correspond
500 bien à ce que nous pensons des dieux, que ce sont des
boxeurs aveugles, des fesseurs aveugles, tout satisfaits de
retrouver les mêmes joues à gifle et les mêmes fesses.
On peut même s'étonner, si l'on estime l'ahurissement
que comporte un éveil soudain de la béatitude, que leurs
coups ne soient pas plus divagants... Que ce soit la
femme du juste qu'assomme un volet par grand vent, et
non celle du parjure, que l'accident s'acharne sur les
pèlerinages et non sur les bandes, en général, c'est toujours l'humanité qui prend... Je dis en général. On voit
510 parfois les corneilles ou les daims succomber sous des
épidémies inexplicables : c'est peut-être que le coup destiné aux hommes a porté trop haut ou trop bas. Quoi
qu'il en soit, il est hors de doute que la règle première de
tout chef d'un État est de veiller férocement à ce que les
dieux ne soient point secoués de cette léthargie et de
limiter leurs dégâts à leurs réactions de dormeurs, ron-
flement ou tonnerre[1].

LE MENDIANT. Bravo, c'est très clair ! J'ai très bien compris !

ÉGISTHE. J'en suis ravi.

LE MENDIANT. C'est la vérité même. Un exemple. Voyez,
522 pour ceux qui marchent sur les routes. Il y a des époques
où tous les cent pas vous trouvez un hérisson mort. Ils
traversent les routes la nuit, par dizaines, hérissons et
hérissonnes qu'ils sont, et ils se font écraser... Vous pensez, les veilles de foire. Vous me direz qu'ils sont idiots,
qu'ils pouvaient trouver leur mâle ou leur femelle de ce
côté-ci de l'accotement. Je n'y peux rien : l'amour pour
les hérissons consiste d'abord à franchir une route...

530 Qu'est-ce que diable je voulais dire ?... J'ai perdu mon
fil... Continuez... Cela me reviendra...

ÉGISTHE. En effet ! Qu'est-ce qu'il veut dire ?

LE PRÉSIDENT. Si nous parlions d'Électre, seigneur ?

ÉGISTHE. Mais de quoi crois-tu que nous parlions, de notre
charmante petite Agathe ? Nous ne parlons que d'Électre, président, de la nécessité où je suis, pour votre bonheur à tous, de distraire Électre de la famille royale...
Pourquoi, depuis que je suis régent, alors que les autres
villes se consument dans les dissensions, les autres ci-
540 toyens dans les crises morales, sommes-nous seuls satisfaits des autres et de nous-mêmes ? Pourquoi chez nous
cet afflux de richesse ? Pourquoi dans Argos seulement
le prix des matières premières est-il au plus haut et les
prix des objets de détail au plus bas ? Pourquoi expor-
tons-nous plus de vaches et pourquoi cependant le
beurre diminue-t-il ? Pourquoi les orages survolent-ils
nos vignes, les hérésies nos temples, les fièvres aphteu-
ses nos étables ?... Parce que, dans la cité, j'ai mené une
guerre sans merci à ceux qui faisaient signe aux
550 dieux...

LE PRÉSIDENT. Qu'appelez-vous faire signe aux dieux,
Égisthe ?

LE MENDIANT. Voilà ! J'ai retrouvé !

ÉGISTHE. Vous avez retrouvé quoi ?

LE MENDIANT. Mon histoire, le fil de mon histoire... Je
parlais de la mort des hérissons...

ÉGISTHE. Une minute, voulez-vous. Nous parlons des
dieux.

LE MENDIANT. Comment donc !... C'est une question de
560 préséance : les dieux d'abord, les hérissons ensuite... Je
me demande seulement si je me rappellerai.

Renée Devillers et Gabrielle Dorziat.
Mise en scène de Louis Jouvet (Athénée, 1937).

ÉGISTHE. Il n'est pas deux façons de faire signe, président :
c'est se séparer de la troupe, monter sur une éminence,
et agiter sa lanterne ou son drapeau. On trahit la terre
comme on trahit une place assiégée, par des signaux. Le
philosophe les fait, de sa terrasse, le poète ou le désespéré les fait, de son balcon ou de son plongeoir. Si les
dieux, depuis dix ans, n'arrivent point à se mêler de
notre vie, c'est que j'ai veillé à ce que les promontoires
570 soient vides et les champs de foire combles, c'est que j'ai
ordonné le mariage des rêveurs, des peintres et des chi-
mistes ; c'est que, pour éviter de créer entre nos citoyens
ces différences de race morale qui ne peuvent manquer
de colorer différemment les hommes aux yeux des
dieux, j'ai toujours feint d'attribuer une importance
énorme aux délits et dérisoire aux crimes. Rien n'entre-
tient mieux la fixité divine que la même atmosphère
égale autour des assassinats et des vols de pain. Je dois
reconnaître que sur ce point la justice des tribunaux m'a
580 abondamment secondé. Et toutes les fois où j'ai été
obligé de sévir, de là-haut on ne l'a point vu. Aucune de
mes sanctions n'a été assez voyante pour permettre aux
dieux l'ajustement de leur vengeance. Pas d'exil. Je tue.
L'exilé a la même tendance à grimper les chemins escar-
pés que la coccinelle. Et je ne monte pas mes supplices
en évidence. Alors que nos pauvres villes voisines se
trahissent elles-mêmes en érigeant leur gibet au faîte des
collines, moi je crucifie au fond des vallées. Et maintenant, j'ai tout dit sur Électre...

LE JARDINIER. Qu'avez-vous dit ?

ÉGISTHE. Qu'il n'y a plus présentement dans Argos qu'un
592 être pour faire signe aux dieux, et c'est Électre... *(Au
mendiant qui s'agite entre les invités.)* Que se passe-
t-il ?

LE MENDIANT. Il ne se passe rien, mais il vaut mieux que
je vous sorte mon histoire maintenant... Dans cinq mi-

nutes, comme vous parlez, elle n'aura plus de sens du
tout. C'est pour confirmer ce que vous dites ! De ces
hérissons écrasés, vous en voyez des dizaines qui ont
600 bien l'air d'avoir eu une mort de hérissons. Leur museau
aplati par le pied du cheval, leurs piquants éclatés sous
la roue, ce sont des hérissons crevés et c'est tout. Ils sont
crevés, en raison de la faute originelle des hérissons, qui
est de traverser les chemins départementaux ou vicinaux
sous prétexte que la limace ou l'œuf de perdrix a plus de
goût de l'autre côté, en réalité pour y faire l'amour des
hérissons. Cela les regarde. On ne s'en mêle pas. Et soudain vous en trouvez un, un petit jeune, qui n'est pas
étendu tout à fait comme les autres, bien moins sale-
610 ment, la petite patte tendue, les babines bien fermées,
bien plus digne, et celui-là on a l'impression qu'il n'est
pas mort en tant que hérisson, mais qu'on l'a frappé à la
place d'un autre, à votre place. Son petit œil froid, c'est
votre œil. Ses piquants, c'est votre barbe. Son sang, c'est
votre sang. Je les ramasse toujours ceux-là, d'autant plus
que ce sont les plus jeunes, les plus tendres à manger.
Passé un an, le hérisson ne se sacrifie plus pour l'homme. Vous voyez que j'ai bien compris. Les dieux se sont
trompés, ils voulaient frapper un parjure, un voleur, et
620 ils vous tuent un hérisson... Un jeune[1]...

ÉGISTHE. Très bien compris.

LE MENDIANT. Et ce qui est vrai pour les hérissons, c'est
vrai pour les autres espèces.

LE PRÉSIDENT. Bien sûr ! Bien sûr !

LE MENDIANT. Comment, bien sûr ? C'est complètement
faux. Prenez la fouine. Tout président du tribunal que
vous êtes, vous n'allez pas prétendre que vous avez vu
des fouines mourir pour vous ?

ÉGISTHE. Vous permettez que nous continuions à parler
630 d'Électre ?

LE MENDIANT. Parlez ! Parlez ! D'ailleurs, réciproquement, je dois dire que quand vous voyez des hommes morts, beaucoup ont l'air d'être morts pour des bœufs, des porcs, des tortues, et pas beaucoup pour les hommes. Un homme qui a l'air d'être mort pour les hommes, je peux le dire, cela se cherche... Ou même pour son propre compte... On va la voir ?

ÉGISTHE. Voir qui ?

LE MENDIANT. Électre... Je voudrais la voir avant qu'on la 640 tue.

ÉGISTHE. Tuer Électre ? Qui parle de tuer Électre ?

LE MENDIANT. Vous.

LE PRÉSIDENT. Jamais il n'a été question de tuer Électre !

LE MENDIANT. Moi, j'ai une qualité. Je ne comprends pas les paroles des gens. Je n'ai pas d'instruction. Je comprends les gens... Vous voulez tuer Électre.

LE PRÉSIDENT. Vous ne comprenez pas du tout, inconnu. Cet homme est Égisthe, le cousin d'Agamemnon, et 650 Électre est sa nièce chérie.

LE MENDIANT. Est-ce qu'il y a deux Électre ? Celle dont il a parlé, qui va tout gâter, et une seconde, qui est sa nièce chérie ?

LE PRÉSIDENT. Non ! il n'y en a qu'une.

LE MENDIANT. Alors, il veut la tuer ! Il n'y a aucun doute. Il veut tuer sa nièce chérie.

LE PRÉSIDENT. Je vous assure que vous ne comprenez pas !

LE MENDIANT. Moi, je roule beaucoup. Je connaissais une 660 famille Narsès... Elle, bien mieux que lui... Elle était malade, elle avalait de l'air... Mais bien mieux que lui... Aucune comparaison.

LE JARDINIER. Il a bu, c'est un mendiant.

LE PRÉSIDENT. Il rabâche, c'est un dieu.

LE MENDIANT. Non. C'est pour vous dire qu'on leur avait
donné une petite louve. C'était leur petite louve chérie.
Mais un jour, à midi, les petites louves, tout à coup,
deviennent de grandes louves... Ils n'ont pas su prévoir
le jour... A midi moins deux, elle les caressait. A midi
670 une, elle les étranglait ! Lui, ça m'était bien égal.

ÉGISTHE. Et alors ?

LE MENDIANT. Alors je passais. J'ai tué la louve. Elle
commençait à manger les joues de Narsès. Elle n'était
pas dégoûtée. La femme Narsès s'en est tirée. Elle ne va
pas mal. Je vous remercie. Vous allez la voir. Elle va
venir me chercher tout à l'heure.

ÉGISTHE. Où est le rapport ?

LE MENDIANT. Oh ! ne vous attendez pas à voir la reine
des Amazones. Cela vous vieillit l'œil, les varices.

LE PRÉSIDENT. On vous demande où est le rapport.

LE MENDIANT. Le rapport ? C'est que j'imagine que cet
682 homme, puisqu'il est chef d'État, est quand même plus
intelligent que Narsès... La bêtise de Narsès, personne ne
peut se la figurer. Narsès, je n'ai jamais pu lui apprendre
à fumer un cigare autrement que par le bout allumé... Et
les nœuds ? C'est la première chose de savoir faire les
nœuds, dans la vie... Si vous faites une boucle là où il
faut faire un nœud, et l'inverse, vous êtes perdu. Votre
monnaie part, vous prenez froid, vous vous étranglez,
690 votre bateau file ou coince, vous ne pouvez plus retirer
vos souliers... Je dis cela pour ceux qui les retirent... Et
les lacets ? Songez que Narsès était braconnier...

LE PRÉSIDENT. Nous vous demandons où est le rapport.

LE MENDIANT. Le voilà, le rapport. Si donc cet homme se

méfie de sa nièce, s'il sait qu'un de ces jours, tout à
coup, elle va faire son signal, comme il dit, elle va commencer à mordre et à mettre la ville sens dessus dessous,
et monter le prix du beurre, et faire arriver la guerre, et
700 caetera, il n'a pas à hésiter. Il doit la tuer raide avant
qu'elle se déclare[1]... Quand se déclare-t-elle ?

LE PRÉSIDENT. Comment ?

LE MENDIANT. Quel jour, à quelle heure se déclare-
t-elle ? Quel jour devient-elle louve ? Quel jour devient-
elle Électre ?

LE PRÉSIDENT. Mais rien ne dit qu'elle deviendra
louve !

LE MENDIANT, *désignant Égisthe.* Si ! Lui le pense. Lui le
709 dit.

LE JARDINIER. Électre est la plus douce des femmes.

LE MENDIANT. La louve Narsès était la plus douce des
louves.

LE PRÉSIDENT. Cela ne signifie rien, votre mot « se déclarer » !

LE MENDIANT. Il ne signifie rien, mon mot « se déclarer » ? Qu'est-ce que vous comprenez, alors, dans la vie !
Le vingt-neuf de mai, quand vous voyez tout à coup les
guérets grouillant de milliers de petites boules jaunes,
rouges et vertes, qui voltigent, qui piaillent, qui se dis-
720 putent chaque ouate de chardon et qui ne se trompent
pas, et qui ne volent pas après la bourre du pissenlit, il
ne se déclare pas, le chardonneret ? Et le quatorze de
juin quand, dans les coudes de rivière, vous voyez sans
vent et sans courant deux roseaux remuer, toujours les
mêmes, remuer sans arrêt jusqu'au quinze de juin — et
sans bulle, comme pour la tanche et la carpe —, il ne se
déclare pas, le brochet ? Et ils ne se déclarent pas, les
juges comme vous, le jour de leur première condamna-
tion à mort, au moment où le condamné sort, la tête

730 distraite, quand ils sentent passer le goût du sang sur leurs lèvres ? Tout se déclare, dans la nature ! Jusqu'au roi. Et même la question, aujourd'hui, si vous voulez m'en croire, est de savoir si le roi se déclarera dans Égisthe avant qu'Électre ne se déclare dans Électre. Il faut donc qu'il sache le jour où cela arrivera pour la petite, afin de pouvoir la tuer la veille, au fond d'une vallée, comme il dit, ou au fond de la plus petite vallée, c'est le plus commode et le moins visible, dans sa baignoire...

LE PRÉSIDENT. Il est effroyable !

ÉGISTHE. Tu oublies le mariage, mendiant...

LE MENDIANT. C'est vrai. J'oublie le mariage. Mais pour 743 tuer quelqu'un, c'est quand même moins sûr que la mort. D'autant qu'une fille comme elle, sensible, avec du retard, et caetera, elle se déclarera sûrement à la minute où un homme la prendra pour la première fois dans ses bras... Vous la mariez ?

ÉGISTHE. A l'instant, ici même.

LE MENDIANT. Pas avec un roi d'autre ville, j'espère ?

ÉGISTHE. Je m'en garde. Avec le jardinier.

LE PRÉSIDENT. Avec ce jardinier.

LE MENDIANT. Elle l'accepte ? Moi, je ne me déclarerais 753 pas dans les bras d'un jardinier. Mais chacun son goût. Moi, je me suis déclaré à Corfou, place de la fontaine, dans la boulangerie sous les platanes. Il fallait me voir ce jour-là ! Dans chaque plateau de la balance je pesais une main de la boulangère. Jamais elles ne pesaient le même poids... Je faisais l'appoint à droite avec de la farine, à gauche avec du gruau... Où habite-t-il, le jardi-760 nier ?

LE JARDINIER. En dehors des remparts.

LE MENDIANT. En village ?

LE JARDINIER. Non. Ma maison est seule.

LE MENDIANT, *à Égisthe.* Bravo ! Je vois votre idée. Elle n'est pas mauvaise. C'est assez facile à tuer, une femme de jardinier. Beaucoup plus facile qu'une princesse en son palais.

LE JARDINIER. Je vous en prie, qui que vous soyez...

LE MENDIANT. Tu ne me diras pas qu'on n'enterre pas 770 beaucoup plus vite dans du terreau que dans du marbre ?

LE JARDINIER. Qu'allez-vous imaginer ? D'ailleurs, pas une minute elle ne sera hors de ma vue.

LE MENDIANT. Courbe-toi pour piquer un poireau. Repique-le parce que tu es tombé sur une motte. La mort est passée !

LE PRÉSIDENT. Inconnu, je ne sais pas si vous vous rendez bien compte du milieu où vous êtes. Vous êtes dans le palais d'Agamemnon, dans la famille d'Agamemnon.

LE MENDIANT. Je vois ce que je vois, je vois que 781 cet homme a peur, qu'il vit avec la peur, la peur d'Électre.

ÉGISTHE. Mon cher hôte, ne nous égarons pas. Je ne dissimule point qu'Électre m'inquiète. Je sens que les ennuis et les malheurs abonderont du jour où elle se déclarera, comme tu dis, dans la famille des Atrides. Et pour tous, car tout citoyen est atteint de ce qui frappe la famille royale. C'est pour cela que je la passe à une famille invisible des dieux, amorphe, et dans laquelle ni 790 ses yeux ni ses gestes n'auront plus de phosphore, où le ravage restera local et bourgeois, à la famille des Théocathoclès.

LE MENDIANT. Bonne idée. Bonne idée. Encore faut-il que cette famille soit particulièrement amorphe.

ÉGISTHE. Elle l'est, et je veillerai à ce qu'elle le demeure. Je veillerai à ce qu'aucun Théocathoclès ne se distingue par le talent et le courage. Pour l'audace et le génie, je leur remets sans appréhension ce soin à eux-mêmes.

LE MENDIANT. Méfiez-vous. La petite Agathe n'est pas
800 très mal. La beauté aussi fait signe.

LE PRÉSIDENT. Je vous prie de laisser Agathe hors du débat.

LE MENDIANT. C'est vrai qu'on peut toujours lui frotter le visage avec du vitriol.

LE PRÉSIDENT. Seigneur...

ÉGISTHE. La cause est entendue.

LE PRÉSIDENT. Mais je me place au point de vue du destin même, Égisthe !... Ce n'est quand même pas une maladie !... Croyez-vous donc qu'il soit transmissible !

LE MENDIANT. Oui. Comme la faim l'est chez les pau-
811 vres.

LE PRÉSIDENT. J'ai peine à croire qu'il se contente, au lieu d'une famille royale, de notre petit clan obscur, et que, de destin des Atrides, il accepte de devenir destin des Théocathoclès.

LE MENDIANT. Sois sans inquiétude. Le cancer royal accepte les bourgeois.

ÉGISTHE. Président, si tu veux que l'entrée d'Électre dans ta famille ne marque point la disgrâce de ses membres
820 magistrats, veille à ne plus ajouter un mot. Dans une zone de troisième ordre, le destin le plus acharné ne fera que des ravages de troisième ordre. J'en suis personnellement désolé, en raison de la vive estime que je porte aux Théocathoclès, mais la dynastie n'y risquera plus rien, ni l'État, ni la ville.

LE MENDIANT. Et l'on pourra bien peut-être la tuer un petit peu aussi, si l'occasion s'en présente.

ÉGISTHE. J'ai dit... Tu peux aller chercher Clytemnestre et Électre. Elles attendent.

LE MENDIANT. Ce n'est pas trop tôt. Sans vous faire de
831 reproches la conversation manquait de femmes.

ÉGISTHE. Vous allez en avoir deux, et qui parlent.

LE MENDIANT. Et qui vont se disputer un peu, j'espère ?

ÉGISTHE. On aime parmi les vôtres quand les femmes discutent ?

LE MENDIANT. On adore. Cet après-midi, ils m'ont laissé entrer dans une maison où l'on discutait aussi. C'était bien moins relevé comme discussion. Ça ne se compare
840 pas. Cela n'était pas un complot d'assassins royaux comme ici. On discutait pour savoir si dans les repas d'invités on doit servir les volailles sans le foie ou avec le foie. Le cou aussi, naturellement. Les femmes étaient enragées. Il a fallu les séparer. Quand j'y songe, c'était quand même bien dur aussi, comme discussion... Le sang a coulé.

Scène 4

LE JARDINIER, LE PRÉSIDENT, ÉGISTHE,
LE MENDIANT, SERVITEURS, CLYTEMNESTRE,
ÉLECTRE, SUIVANTES

LE PRÉSIDENT. Les voici toutes deux.

CLYTEMNESTRE. Toutes deux est beaucoup dire. Électre
849 n'est jamais plus absente que du lieu où elle est.

ÉLECTRE. Non. Aujourd'hui, j'y suis.

ÉGISTHE. Alors, profitons-en. Tu sais pourquoi ta mère t'a menée jusqu'ici ?

ÉLECTRE. Je pense que c'est par habitude. Elle a déjà con-
duit une fille au supplice.

CLYTEMNESTRE. Voilà Électre en deux phrases. Pas une
parole qui ne soit perfidie ou insinuation.

ÉLECTRE. Pardonne-moi, mère. L'allusion se présente si
facilement dans la famille des Atrides.

LE MENDIANT. Qu'est-ce qu'elle veut dire ? Qu'elle va se
860 fâcher avec sa mère ?

LE JARDINIER. Ce serait la première fois qu'on verrait se
fâcher Électre.

LE MENDIANT. Ça n'en serait que plus intéressant.

ÉGISTHE. Électre, ta mère t'a avertie de notre décision.
Depuis longtemps tu nous inquiètes. Je ne sais si tu t'en
rends compte : tu n'es plus qu'une somnambule en plein
jour. Dans le palais et dans la ville, on ne prononce plus
ton nom qu'en baissant la voix, tant on craindrait, à le
869 crier, de t'éveiller et de te faire choir...

LE MENDIANT, *criant à tue-tête.* Électre !

ÉGISTHE. Qu'y a-t-il ?

LE MENDIANT. Oh ! pardon, c'est une plaisanterie. Excusez-moi. Mais c'est vous qui avez eu peur et pas elle.
Elle n'est pas somnambule.

ÉGISTHE. Je vous en prie...

LE MENDIANT. En tout cas, l'expérience est faite. C'est
vous qui avez bronché. Qu'est-ce que cela aurait été si
j'avais crié tout à coup : Égisthe !

LE PRÉSIDENT. Laissez notre régent parler.

LE MENDIANT. Je vais crier Égisthe tout à l'heure, quand
881 on ne s'y attendra pas.

ÉGISTHE. Il faut que tu guérisses, Électre, quel que soit le
remède.

ÉLECTRE. Pour me guérir, c'est simple. Il suffit de rendre la vie à un mort.

ÉGISTHE. Tu n'es pas la seule à pleurer ton père. Mais il ne demande pas que ton deuil[1] soit une offense aux vivants. Nous faisons une situation fausse aux morts en les raccrochant à notre vie. C'est leur enlever, s'ils en ont une, 890 leur liberté de morts.

ÉLECTRE. Il a sa liberté. C'est pour cela qu'il vient.

ÉGISTHE. Crois-tu vraiment qu'il se plaise à te voir le pleurer, non comme une fille, mais comme une épouse ?

ÉLECTRE. Je suis la veuve de mon père, à défaut d'autres.

CLYTEMNESTRE. Électre !

ÉGISTHE. Veuve ou non, nous fêtons aujourd'hui tes 899 noces.

ÉLECTRE. Oui, je connais votre complot.

CLYTEMNESTRE. Quel complot ! Est-ce un complot de vouloir marier une fille de vingt et un ans ? A ton âge, je vous portais déjà tous les deux dans mes bras, toi et Oreste.

ÉLECTRE. Tu nous portais mal. Tu as laissé tomber Oreste sur le marbre.

CLYTEMNESTRE. Que pouvais-je faire ? Tu l'avais poussé.

ÉLECTRE. C'est faux ! Je n'ai pas poussé Oreste !

CLYTEMNESTRE. Mais qu'en peux-tu savoir ! Tu avais 911 quinze mois.

ÉLECTRE. Je n'ai pas poussé Oreste ! D'au-delà de toute mémoire, je me le rappelle. Ô Oreste, où que tu sois, entends-moi ! Je ne t'ai pas poussé !

ÉGISTHE. Cela va, Électre.

LE MENDIANT. Cette fois, elles y sont. Ce serait curieux que la petite se déclare juste devant nous.

ÉLECTRE. Elle ment, Oreste, elle ment !

ÉGISTHE. Je t'en prie, Électre.

CLYTEMNESTRE. Elle l'a poussé. Elle ne savait pas évi-
921 demment ce qu'elle faisait, à son âge. Mais elle l'a poussé.

ÉLECTRE. De toutes mes forces je l'ai retenu. Par sa petite tunique bleue. Par son bras. Par le bout de ses doigts. Par son sillage. Par son ombre. Je sanglotais en le voyant à terre, sa marque rouge au front !

CLYTEMNESTRE. Tu riais à gorge déployée. La tunique, entre nous, était mauve.

ÉLECTRE. Elle était bleue. Je la connais, la tunique
930 d'Oreste. Quand on la séchait, on ne la voyait pas sur le ciel.

ÉGISTHE. Vais-je pouvoir parler ! N'avez-vous pas eu le temps, depuis vingt ans, de liquider ce débat entre vous ?

ÉLECTRE. Depuis vingt ans, je cherchais l'occasion. Je l'ai.

CLYTEMNESTRE. Comment n'arrivera-t-elle pas à comprendre que même de bonne foi, elle peut avoir tort ?

LE MENDIANT. Elles sont de bonne foi toutes deux. C'est
940 ça la vérité.

LE PRÉSIDENT. Princesse, je vous en conjure ! Quel intérêt présente maintenant la question !

CLYTEMNESTRE. Aucun intérêt, je vous l'accorde.

ÉLECTRE. Quel intérêt ? Si c'est moi qui ai poussé Oreste, j'aime mieux mourir, j'aime mieux me tuer... Ma vie n'a aucun sens !...

ÉGISTHE. Va-t-il falloir te faire taire de force ? Êtes-vous aussi folle qu'elle, reine ?

CLYTEMNESTRE. Électre, écoute. Ne nous querellons pas.
950 Voici exactement comme tout s'est passé. Il était sur
mon bras droit.

ÉLECTRE. Sur le gauche !

ÉGISTHE. Est-ce fini, oui ou non, Clytemnestre ?

CLYTEMNESTRE. C'est fini, mais un bras droit est droit, et
non gauche, une tunique mauve est mauve, et non
bleue.

ÉLECTRE. Elle était bleue. Aussi bleue qu'était rouge le
front d'Oreste.

CLYTEMNESTRE. Cela est vrai... Tout rouge. Tu touchas
960 même la blessure du doigt, tu dansais autour du petit
corps étendu, tu goûtais en riant le sang...

ÉLECTRE. Moi ! Je voulais me briser la tête contre la
marche qui l'avait blessé ! J'ai tremblé toute une
semaine...

ÉGISTHE. Silence !

ÉLECTRE. Je tremble encore.

LE MENDIANT. La femme Narsès s'attachait le sien avec
une bande élastique. Il avait du jeu... Souvent il était de
biais, mais il ne tombait pas.

ÉGISTHE. Cela suffit. Nous verrons bientôt comment Élec-
971 tre portera les siens... Car tu es d'accord, n'est-ce pas ?
Tu acceptes le mariage ?

ÉLECTRE. J'accepte.

ÉGISTHE. Je dois t'avouer que les prétendants ne font pas
foule autour de toi.

LE MENDIANT. On dit...

ÉGISTHE. Que dit-on ?

LE MENDIANT. On dit que vous avez menacé secrètement
de mort tous les princes qui pourraient épouser Électre...
980 On dit ça dans la ville.

ÉLECTRE. Cela tombe bien. Je ne veux aucun prince.

CLYTEMNESTRE. Et un jardinier, tu en veux un ?

ÉLECTRE. Je sais que vous avez formé tous deux le projet
de me marier au jardinier de mon père. J'accepte.

CLYTEMNESTRE. Tu n'épouseras pas un jardinier.

ÉGISTHE. Nous en sommes convenus, reine. La parole est
donnée.

CLYTEMNESTRE. Je la reprends. C'était une parole inique.
Si Électre est malade, nous la soignerons. Je ne donne
990 plus ma fille à un jardinier.

ÉLECTRE. Trop tard, mère. Tu m'as donnée.

CLYTEMNESTRE. Tu oses prétendre à Électre, jardinier ?

LE JARDINIER. Je suis indigne, reine, mais Égisthe l'ordonne.

ÉGISTHE. Je l'ordonne. Et voici les anneaux. Prends ta
femme.

CLYTEMNESTRE. Tu risques ta vie, jardinier, si tu t'obstines !

LE MENDIANT. Alors ne t'obstine pas. Moi, j'aime voir
1000 mourir les soldats, pas les jardiniers.

CLYTEMNESTRE. Que dit-il encore, celui-là ? Épouse Électre, jardinier, et tu es tué !

LE MENDIANT. C'est votre affaire. Mais revenez dans un
jardin un an après la mort du jardinier. Vous verrez s'il
n'est pas à dire[1]. Vous verrez ce qu'elle devient, la sca-
role, veuve un an de son jardinier. Ce n'est pas comme
les veuves de rois.

CLYTEMNESTRE. Ce jardin-là n'y perdra rien. Viens, Électre.

LE JARDINIER. Reine, vous pouvez me refuser Électre,
1011 mais ce n'est pas loyal de dire du mal d'un jardin qu'on
ne connaît pas.

CLYTEMNESTRE. Je le connais : un terrain vague, tendu d'épandages...

LE JARDINIER. Un terrain vague, le jardin le mieux tenu d'Argos !

LE PRÉSIDENT. S'il se met à vous parler de son jardin, nous n'en sortirons plus !

ÉGISTHE. Épargne-nous les descriptions !

LE JARDINIER. La reine me provoque. Je réponds. Il est
1021 ma dot, il est mon honneur, mon jardin !

ÉGISTHE. Peu importe. Assez de querelles !

LE JARDINIER. Terrain vague ! Il couvre dix arpents de colline, mon jardin, et six de vallée. Non ! Non ! Vous ne me ferez pas taire ! Pas un pouce stérile, n'est-ce pas, Électre ? Sur les terrasses, j'ai l'ail et les tomates. Aux pentes, la vigne et les pêchers de plein vent. Dans le plan, les légumes, les fraises et les framboises. Au creux de chaque éboulis un figuier, qui épaule le mur et y
1030 tiédit la figue.

ÉGISTHE. Parfait. Laisse ta figue tiédir, et prends ta femme.

CLYTEMNESTRE. Ose parler de ce jardin ! Tout y est sec, je l'ai vu de la route : un crâne pelé. Tu n'auras pas Électre.

LE JARDINIER. Tout y est sec ! D'une source que la canicule ne tarit point, s'écoule entre les buis et les platanes le ruisseau dont j'ai dérivé deux rigoles, l'une sur prairie, l'autre taillée en plein roc. Vous en trouverez des crânes
1040 semblables ! Et des épandages pareils ! En ce début de printemps tout n'est que jacinthe et narcisse. Je n'ai jamais vu sourire Électre, mais c'est dans mon jardin que j'ai reconnu sur son visage ce qui ressemble le plus au sourire !

CLYTEMNESTRE. Regarde si elle sourit en ce moment.

LE JARDINIER. Moi j'appelle cela le sourire d'Électre.

CLYTEMNESTRE. Le sourire à ta main sale, à tes ongles
noirs...

ÉLECTRE. Cher jardinier...

LE JARDINIER. Mes ongles noirs ? Voilà que mes ongles
1051 sont noirs ! Ne la croyez pas, Électre. Vous tombez bien
mal, reine, aujourd'hui. Car j'ai passé ce matin ma maison à la chaux de manière qu'aucune trace n'y demeure
des mulots et des serpillières, et de cela mes ongles sont
sortis, non pas noirs, comme vous voulez bien le dire,
mais lunés de blanc.

ÉGISTHE. Cela va, jardinier.

LE JARDINIER. Je sais, je sais que cela va. Et mes mains
sont sales. Regardez. Voilà des mains sales ! Des mains
1060 que j'ai justement lavées après avoir retiré les morilles
et les oignons pendus, pour que rien n'entête la nuit
d'Électre... Moi, je coucherai dans le hangar, Électre,
d'où je surveillerai toute menace à votre sommeil,
qu'elle vienne du hibou en fraude, de l'écluse ouverte,
ou du renard qui fourrage la haie, sa tête grossie d'une
poule. J'ai dit...

ÉLECTRE. Merci, jardinier.

CLYTEMNESTRE. Et ainsi vivra Électre, fille de Clytemnestre et du roi des rois, à voir dans les plates-bandes
1070 son époux circuler deux seaux aux mains, centre d'un
cercle de barrique !

ÉGISTHE. Et elle y pleurera les morts tout à son aise. Prépare dès demain tes semis d'immortelles.

LE JARDINIER. Et elle y évitera l'angoisse, le tourment, et
peut-être le drame. Je ne connais guère les êtres, reine,
mais je connais les saisons. Il est temps, juste temps
dans notre ville de transplanter le malheur. Ce n'est pas
sur notre pauvre famille que l'on greffera les Atrides,

mais sur les saisons, sur les prairies, sur les vents. J'ai
1080 idée qu'ils n'y perdront rien.

LE MENDIANT. Laissez-vous convaincre, reine. Vous ne
voyez donc pas qu'il y a dans Égisthe je ne sais quelle
haine qui le pousse à tuer Électre, à la donner à la terre ?
Par une espèce de jeu de mots, il se trompe, il la donne
à un jardin. Elle y gagne. Elle y gagne la vie... *(Égisthe
s'est levé.)* Quoi ? J'ai eu tort, hein, de dire cela ?

ÉGISTHE, *à Électre et au jardinier.* Approchez tous les
deux !

CLYTEMNESTRE. Électre, je t'en prie.

ÉLECTRE. C'est vous qui l'avez voulu, mère !

CLYTEMNESTRE. Je ne le veux plus. Tu vois bien que je
1092 ne le veux plus.

ÉLECTRE. Pourquoi ne le veux-tu plus ? Tu as peur ? Trop
tard.

CLYTEMNESTRE. Que faut-il donc te dire pour te rappeler
qui je suis, qui tu es !

ÉLECTRE. Il faut me dire que je n'ai pas poussé Oreste.

CLYTEMNESTRE. Fille stupide !

ÉGISTHE. Vont-elles recommencer !

LE MENDIANT. Oui, oui, qu'elles recommencent.

CLYTEMNESTRE. Et injuste ! Et obstinée ! Laisser tomber
1102 Oreste ! Jamais je ne casse rien ! Jamais je n'échappe un
verre ou une bague... Je suis si stable que les oiseaux se
posent sur mes bras... De moi on s'envole, on ne tombe
pas... C'est justement ce que je me disais, quand il a
perdu l'équilibre : Pourquoi, pourquoi la malchance
veut-elle qu'il ait eu sa sœur près de lui !

ÉGISTHE. Elles sont folles !

ÉLECTRE. Et moi je me disais, dès que je l'ai vu glissant :
1110 Au moins si c'est une vraie mère, elle va se courber

pour amortir la chute. Ou elle va se plier, ou se voûter, pour créer une pente, pour le rattraper avec ses cuisses ou ses genoux. On va voir s'ils deviennent prenants, s'ils comprennent, les cuisses et les genoux altiers de ma mère ! On en doutait ! On va le voir !

CLYTEMNESTRE. Tais-toi.

ÉLECTRE. Ou elle va s'incliner en arrière, de façon que le petit Oreste glisse d'elle comme un enfant de l'arbre où il a déniché un nid. Ou elle va tomber, pour qu'il ne
1120 tombe pas, pour qu'il tombe sur elle. Tous les moyens dont une mère dispose pour recueillir son fils, elle les a encore. Elle peut encore être une courbe, une conque, une pente maternelle, un berceau. Mais elle est restée figée, dressée, et il a chu tout droit, du plus haut de sa mère !

ÉGISTHE. La cause est entendue, Clytemnestre, nous partons !

CLYTEMNESTRE. Qu'elle se souvienne ainsi de ce qu'elle a vu à quinze mois, de ce qu'elle n'a pas vu ! Jugez du
1130 reste !

ÉGISTHE. Qui la croit, qui l'écoute, excepté vous !

ÉLECTRE. Qu'il soit tant de moyens pour empêcher un fils de tomber, j'en vois mille encore, et qu'elle n'ait rien fait !

CLYTEMNESTRE. Le moindre mouvement et c'est toi qui tombais.

ÉLECTRE. C'est bien ce que je dis. Tu raisonnais. Tu calculais. Tu étais une nourrice, pas une mère !

CLYTEMNESTRE. Ma petite Électre...

ÉLECTRE. Je ne suis pas ta petite Électre. A frotter ainsi tes
1141 deux enfants contre toi, ta maternité se chatouille et s'éveille. Trop tard.

CLYTEMNESTRE. Je t'en supplie.

ÉLECTRE. C'est cela ! Ouvre les bras tout grands. Voilà comme tu as fait ! Regardez tous ! C'est juste ce que tu as fait !

CLYTEMNESTRE. Partons, Égisthe...

Elle sort.

LE MENDIANT. J'ai idée qu'elle aussi a peur, la mère.

ÉGISTHE, *au mendiant.* Vous dites, vous ?

LE MENDIANT. Moi, je ne dis rien. Je ne dis jamais rien...
1151 A jeun, je parle. A jeun, on n'entend que moi... Mais j'ai bu un peu aujourd'hui...

Scène 5

LE JARDINIER, LE MENDIANT, ÉLECTRE, AGATHE, L'ÉTRANGER

AGATHE. Voici le bon moment... Égisthe n'est plus là. Disparais, jardinier !

LE JARDINIER. Que veux-tu dire ?

AGATHE. Disparais, et vite. Cet homme prend ta place.

LE JARDINIER. Ma place auprès d'Électre !

L'ÉTRANGER. Oui, c'est moi qu'elle épouse.

ÉLECTRE. Lâchez ma main !

L'ÉTRANGER. De ma vie plus jamais.

AGATHE. Au moins, regardez-le, Électre ! Avant de
1162 s'échapper des bras d'un homme, on regarde au moins comment il est fait ! Je vous assure que vous y gagnez.

ÉLECTRE. Jardinier ! Au secours !

L'ÉTRANGER. Je n'ai pas de compte à te rendre, jardinier.
  Mais regarde-moi en face. Tu es un expert pour les gen-
  res et les espèces... Regarde mon espèce dans mes yeux.
  C'est cela. Regarde-la bien de tes pauvres yeux sans
1170 race. De ce regard des humbles, qui est un mélange de
  dévouement, de chassie et de crainte, de cette prunelle
  délavée et stérile des pauvres gens qui ne sécrète plus ni
  sous le soleil ni sous le malheur, inspecte, et vois si je
  peux m'effacer devant toi... Parfait... Donne-moi ton
  anneau... Merci...

ÉLECTRE. Agathe, ma cousine ! Aidez-moi ! Je vous jure
  que je ne dirai rien ! De vos rendez-vous, de vos rup-
  tures, je vous jure que je ne dirai rien !

AGATHE, *emmenant le jardinier*. Viens... Les Théocatho-
1180 clès sont sauvés. Que les Atrides se débrouillent...

LE MENDIANT. Elle court. Ainsi regagne le dessous de sa
  pierre la petite cloporte qui a eu la menace du jour.

Scène 6

LE MENDIANT, ÉLECTRE, L'ÉTRANGER

L'ÉTRANGER. Toi, ne te débats pas.

ÉLECTRE. Je me débattrai jusqu'à la mort.

L'ÉTRANGER. Le crois-tu ? Tout à l'heure, tu vas me prendre de toi-même dans tes bras.

ÉLECTRE. Pas d'insulte !

L'ÉTRANGER. Dans une minute tu vas m'embrasser.

ÉLECTRE. Honte à vous qui profitez de deux infamies.

L'ÉTRANGER. Vois pourtant comme j'ai confiance, je te
1191 lâche...

ÉLECTRE. Adieu pour toujours !

L'ÉTRANGER. Non ! Je vais te dire un mot et tu vas revenir vers moi, toute douce.

ÉLECTRE. Quel est ce mensonge ?

L'ÉTRANGER. Un seul mot et tu vas sangloter dans mes bras. Un seul mot, mon nom...

ÉLECTRE. Il n'est plus au monde qu'un nom qui puisse m'attirer vers un être.

L'ÉTRANGER. C'est celui-là. C'est le mien.

ÉLECTRE. Tu es Oreste !

ORESTE. Ô ingrate sœur, qui ne me reconnais qu'à mon
1203 nom !

    Clytemnestre apparaît.

Scène 7
LE MENDIANT, ÉLECTRE, ORESTE,
CLYTEMNESTRE

CLYTEMNESTRE. Électre !

ÉLECTRE. Ma mère !

CLYTEMNESTRE. Reprends ta place au palais. Quitte ce jardinier. Viens.

ÉLECTRE. Le jardinier n'est plus ici, ma mère.

CLYTEMNESTRE. Où est-il ?

ÉLECTRE. Il m'a cédée à cet homme.

CLYTEMNESTRE. A quel homme ?

ÉLECTRE. A cet homme-là, qui maintenant est mon
1213 mari.

CLYTEMNESTRE. L'heure n'est pas aux plaisanteries. Viens !

ÉLECTRE. Comment venir ? Cet homme me tient la main.

CLYTEMNESTRE. Hâte-toi.

ÉLECTRE. Tu sais, mère, ces étrivières que l'on passe aux
1220 jambes des pouliches pour les empêcher de courir ? Cet homme me les passe aux chevilles.

CLYTEMNESTRE. Cette fois, j'ordonne. Que la nuit te trouve dans ta chambre. Viens.

ÉLECTRE. Justement. Comment abandonner mon mari, le soir de ma nuit de noces !

CLYTEMNESTRE. Que faites-vous là ? Qui êtes-vous ?

ÉLECTRE. Il ne te répondra pas. Ce soir la bouche de mon mari m'appartient, avec toutes ses paroles.

CLYTEMNESTRE. D'où venez-vous ? Qui est votre père ?

ÉLECTRE. S'il y a mésalliance, elle ne sera pas grande.

CLYTEMNESTRE. Pourquoi me regardez-vous ainsi ? Qu'y
1232 a-t-il à me braver dans vos yeux ?... Et votre mère, qui était-elle ?

ÉLECTRE. Il ne l'a jamais vue.

CLYTEMNESTRE. Elle est morte ?

ÉLECTRE. C'est peut-être ce que tu vois dans ses yeux, qu'il n'a jamais vu sa mère. Il est beau, n'est-ce pas ?

CLYTEMNESTRE. Oui... Il te ressemble.

ÉLECTRE. Que notre première heure de mariage nous ait
1240 donné cette ressemblance qui ne vient qu'aux vieux époux, cela promet, n'est-ce pas, mère ?

CLYTEMNESTRE. Qui êtes-vous ?

ÉLECTRE. Que t'importe ! Jamais homme n'a été moins à toi.

CLYTEMNESTRE. Quel qu'il soit, qui que vous soyez, étranger, ne vous prêtez pas à ce caprice. Ou plutôt aidez-moi. Si vous êtes digne d'Électre, nous verrons demain. Je convaincrai Égisthe... Mais jamais nuit ne 1249 m'a semblé moins propice. Laisse cet homme, Électre.

ÉLECTRE. Trop tard, ses bras me tiennent.

CLYTEMNESTRE. Tu sais rompre le fer, quand tu veux.

ÉLECTRE. Le fer oui, ce fer non.

CLYTEMNESTRE. Que t'a-t-il dit contre ta mère pour que tu l'acceptes ainsi ?

ÉLECTRE. Nous n'avons encore eu le temps de parler ni de ma mère, ni de la sienne. Disparais, nous commencerons.

ORESTE. Électre !

ÉLECTRE. Voilà tout ce qu'il peut dire. Quand j'enlève ma 1260 main de sa bouche, il dit mon nom sans arrêt. On ne peut de lui obtenir autre chose. Ô mon mari, puisque ta bouche est libre, embrasse-moi !

CLYTEMNESTRE. Quelle honte ! Ainsi c'était cette folie, le secret d'Électre !

ÉLECTRE. Devant ma mère, embrasse-moi.

CLYTEMNESTRE. Adieu. Mais je ne te croyais pas fille à te donner au premier passant venu.

ÉLECTRE. Moi non plus. Mais j'ignorais ce que c'est, le 1269 premier baiser venu.

Exit Clytemnestre.

Scène 8
LE MENDIANT, ÉLECTRE, ORESTE

ORESTE. Pourquoi hais-tu à ce point notre mère, Électre?

ÉLECTRE. Ne parle pas d'elle, surtout pas d'elle. Imaginons
une minute, pour notre bonheur, que nous ayons été
enfantés sans mère. Ne parle pas.

ORESTE. J'ai tout à te dire.

ÉLECTRE. Tu me dis tout par ta présence. Tais-toi. Baisse
les yeux. Ta parole et ton regard m'atteignent trop dure-
ment, me blessent. Souvent je souhaitais, si jamais un
jour je te retrouvais, de te retrouver dans ton sommeil.
Retrouver à la fois le regard, la voix, la vie d'Oreste, je
1280 n'en puis plus. Il eût fallu que je m'entraîne sur une
forme de toi, d'abord morte, peu à peu vivante. Mais
mon frère est né comme le soleil, une brute d'or à son
lever... Ou que je sois aveugle, et que je regagne mon
frère sur le monde à tâtons... Ô joie d'être aveugle, pour
la sœur qui retrouve son frère. Vingt ans mes mains se
sont égarées sur l'ignoble ou sur le médiocre, et voilà
qu'elles touchent un frère. Un frère où tout est vrai. Il
pourrait y avoir, insérés dans cette tête, dans ce corps,
des fragments suspects, des fragments faux. Par un mer-
1290 veilleux hasard, tout est fraternel dans Oreste, tout est
Oreste !

ORESTE. Tu m'étouffes.

ÉLECTRE. Je ne t'étouffe pas... Je ne te tue pas... Je te
caresse. Je t'appelle à la vie. De cette masse fraternelle
que j'ai à peine vue dans mon éblouissement, je forme
mon frère avec tous ses détails. Voilà que j'ai fait la
main de mon frère, avec son beau pouce si net. Voilà
que j'ai fait la poitrine de mon frère, et que je l'anime, et
qu'elle se gonfle et expire, en donnant la vie à mon frère.

1300 Voilà que je fais son oreille. Je te la fais petite, n'est-ce
pas, ourlée, diaphane comme l'aile de la chauve-sou-
ris ?... Un dernier modelage, et l'oreille est finie. Je fais
les deux semblables. Quelle réussite, ces oreilles ! Et
voilà que je fais la bouche de mon frère, doucement
sèche, et je la cloue toute palpitante sur son visage...
Prends de moi ta vie, Oreste, et non de ta mère !

ORESTE. Pourquoi la hais-tu ?... Écoute !

ÉLECTRE. Qu'as-tu ? Tu me repousses ? Voilà bien l'ingratitude des fils. Vous les achevez à peine, et ils se déga-
1310 gent, et ils s'évadent.

ORESTE. Quelqu'un nous surveille, de l'escalier...

ÉLECTRE. C'est elle, c'est sûrement elle. C'est la jalousie ou
la peur. C'est notre mère.

LE MENDIANT. Oui, oui, c'est bien elle.

ÉLECTRE. Elle se doute que nous sommes là, à nous créer
nous-mêmes, à nous libérer d'elle. Elle se doute que ma
caresse va t'entourer, te laver d'elle, te rendre orphelin
d'elle... Ô mon frère, qui jamais pourra me donner le
même bienfait ?

ORESTE. Comment peux-tu ainsi parler de celle qui t'a
1321 mise au monde ! Je suis moins dur pour elle, qui l'a été
tant pour moi !

ÉLECTRE. C'est justement ce que je ne peux supporter
d'elle, qu'elle m'ait mise au monde. C'est là ma honte. Il
me semble que par elle je suis entrée dans la vie d'une
façon équivoque et que sa maternité n'est qu'une com-
plicité qui nous lie. J'aime tout ce qui, dans ma naissance, revient à mon père. J'aime comme il s'est dévêtu,
de son beau vêtement de noces, comme il s'est couché,
1330 comme tout d'un coup pour m'engendrer il est sorti de
ses pensées et de son corps même. J'aime à ses yeux son
cerne de futur père, j'aime cette surprise qui remua son

corps le jour où je suis née, à peine perceptible, mais
d'où je me sens issue plus que des souffrances et des
efforts de ma mère. Je suis née de sa nuit de profond
sommeil, de sa maigreur de neuf mois, des consolations
qu'il prit avec d'autres femmes pendant que ma mère
me portait, du sourire paternel qui suivit ma naissance.
Tout ce qui est de cette naissance du côté de ma mère,
1340 je le hais.

ORESTE. Pourquoi détestes-tu les femmes à ce point ?

ÉLECTRE. Ce n'est pas que je déteste les femmes, c'est que
je déteste ma mère. Et ce n'est pas que je déteste les
hommes, je déteste Égisthe.

ORESTE. Mais pourquoi les hais-tu ?

ÉLECTRE. Je ne le sais pas encore. Je sais seulement que
c'est la même haine. C'est pour cela qu'elle est si lourde,
pour cela que j'étouffe. Que de fois j'ai essayé de décou-
vrir que je haïssais chacun d'une haine spéciale. Deux
1350 petites haines, cela peut se porter encore dans la vie.
C'est comme les chagrins. L'un équilibre l'autre. J'essayais de croire que je haïssais ma mère parce qu'elle
t'avait laissé tomber enfant, Égisthe parce qu'il te déro-
bait ton trône. C'était faux. En fait j'avais pitié de cette
grande reine, qui dominait le monde, et soudain, terri-
fiée, humble, échappait un enfant comme une aïeule
hémiplégique. J'avais pitié de cet Égisthe, cruel, tyran, et
dont le destin était de mourir un jour misérablement
sous tes coups... Tous les motifs que je trouvais de les
1360 haïr me les laissaient au contraire humains, pitoyables,
mais dès que les haines de détail avaient bien lavé, paré,
rehaussé ces deux êtres, au moment où vis-à-vis d'eux je
me retrouvais douce, obéissante, une vague plus lourde
et plus chargée de haine commune s'abattait à nouveau
sur eux. Je les hais d'une haine qui n'est pas à moi.

ORESTE. Je suis là. Elle va cesser.

ÉLECTRE. Crois-tu ? Autrefois je pensais que ton retour me
libérerait de cette haine. Je pensais que mon mal venait
de ce que tu étais loin. Je me préparais pour ta venue à
1370 ne plus être qu'un bloc de tendresse, de tendresse pour
tous, de tendresse pour eux. J'avais tort. Mon mal, en
cette nuit, vient de ce que tu es près. Et toute cette haine
que j'ai en moi, elle te rit, elle t'accueille, elle est mon
amour pour toi. Elle te lèche comme le chien la main
qui va le découpler. Je sens que tu m'as donné la vue,
l'odorat de la haine. La première trace, et maintenant, je
prends la piste... Qui est là ? C'est elle ?

LE MENDIANT. Non. Non ! Vous oubliez l'heure. Elle est
remontée. Elle se déshabille.

ÉLECTRE. Elle se déshabille. Devant son miroir, contem-
1381 plant longuement Clytemnestre, notre mère se déshabille. Notre mère que j'aime parce qu'elle est si belle,
dont j'ai pitié à cause de l'âge qui vient, dont j'admire la
voix, le regard... Notre mère que je hais.

ORESTE. Électre, sœur chérie ! Je t'en supplie, calme-toi.

ÉLECTRE. Alors, je prends la piste, je pars ?

ORESTE. Calme-toi.

ÉLECTRE. Moi ? Je suis toute calme. Moi ? Je suis toute
douce. Et douce pour ma mère, si douce... C'est cette
1390 haine pour elle qui gonfle, qui me tue.

ORESTE. A ton tour, ne parle pas. Nous verrons demain
pour la haine. Laisse-moi goûter ce soir, ne fût-ce
qu'une heure, la douceur de cette vie que je n'ai pas
connue et que pourtant je retrouve.

ÉLECTRE. Une heure. Va pour une heure...

ORESTE. Le palais est si beau, sous la lune... Mon palais...
Toute la puissance de notre famille à cette heure en
émane... Ma puissance... Laisse-moi dans tes bras imaginer de quel bonheur ces murs auraient pu être l'écluse,

Madeleine Ozeray et Romain Bouquet.
Mise en scène de Louis Jouvet (Athénée, 1937).

1400 avec des êtres plus sensés et plus calmes. Ô Électre, que de noms dans notre famille étaient au départ doux, tendres, et devaient être des noms de bonheur !

ÉLECTRE. Oui, je sais : Médée, Phèdre...

ORESTE. Ceux-là même, pourquoi pas ?

ÉLECTRE. Électre, Oreste...

ORESTE. Pour ceux-là n'est-il pas temps encore ? Je viens pour les sauver.

ÉLECTRE. Tais-toi ! La voilà !

ORESTE. Voilà qui ?

ÉLECTRE. Celle qui porte ce nom de bonheur : Clytemnes1411 tre[1].

Scène 9

LE MENDIANT, ÉLECTRE, ORESTE, CLYTEMNESTRE, *puis* ÉGISTHE

CLYTEMNESTRE. Électre ?

ÉLECTRE. Ma mère ?

CLYTEMNESTRE. Quel est cet homme ?

ÉLECTRE. Devine.

CLYTEMNESTRE. Laisse-moi voir son visage.

ÉLECTRE. Si tu ne le vois point à distance, tu le verras encore moins de près.

CLYTEMNESTRE. Électre, cessons notre guerre. Si vrai1420 ment tu veux cet homme pour mari, j'accepte. Pourquoi ce sourire ? N'est-ce pas moi qui ai voulu que tu aies un mari ?

ÉLECTRE. Pas du tout. Tu as voulu que je sois femme.

CLYTEMNESTRE. Quelle est la différence ?

ÉLECTRE. Tu as voulu que je sois dans ton camp. Tu as
  voulu ne pas avoir perpétuellement devant toi le visage
  de celle qui est ta pire ennemie.

CLYTEMNESTRE. Celui de ma fille ?

ÉLECTRE. Celui de la chasteté.

ORESTE. Électre...

ÉLECTRE. Laisse-moi... Laisse-moi... J'ai pris la piste.

CLYTEMNESTRE. Chasteté ! Cette fille que rongent les
1433 désirs nous parle de la chasteté. Cette fille qui, à deux
  ans, ne pouvait voir un garçon sans rougir. C'est parce
  que tu voulais embrasser Oreste, si tu tiens à le savoir,
  que tu l'as jeté hors de mes bras !

ÉLECTRE. Alors j'avais raison. Alors tu m'en vois fière.
  Cela en valait la peine.

> *Trompettes. Rumeurs. Apparitions aux fenêtres. D'une*
> *galerie, Égisthe se penche.*

ÉGISTHE. Vous êtes là, reine ?

LE MENDIANT. Oui. Elle est là.

ÉGISTHE. Grande nouvelle, reine. Oreste n'était pas mort.
1442 Il s'est évadé. Il se dirige vers Argos.

CLYTEMNESTRE. Oreste !

ÉGISTHE. J'envoie à sa rencontre mes hommes les plus
  sûrs. Tout ce qui m'est fidèle, je le poste autour des
  murs... Vous vous taisez ?

CLYTEMNESTRE. Oreste revient ?

ÉGISTHE. Il revient pour reprendre le trône de son père,
  pour m'empêcher d'être régent, vous d'être reine... Des
1450 émissaires à lui circulent et préparent une émeute. Ras-
  surez-vous. A tout, je mettrai bon ordre... Qui est en
  bas, avec vous ?

CLYTEMNESTRE. Électre.

ÉGISTHE. Et son jardinier ?

LE MENDIANT. Et son jardinier.

ÉGISTHE. Vous ne cherchez plus à les séparer, je pense ?
Vous voyez que mes craintes étaient justes ! Vous êtes
1458 d'accord, maintenant ?

CLYTEMNESTRE. Non. Je ne cherche plus.

ÉGISTHE. Qu'ils ne sortent pas du palais. J'ai donné ordre
que les portes soient closes jusqu'au retour des soldats...
Pour eux surtout... Tu m'entends, jardinier ?

ÉLECTRE. Nous ne sortirons pas.

ÉGISTHE. Vous, reine, remontez. Regagnez votre chambre.
Il est tard et le conseil se réunit à l'aurore... Je vous
souhaite bonne nuit.

ÉLECTRE. Merci, Égisthe.

ÉGISTHE. Je parle à la reine, Électre. L'heure n'est pas à la
1469 dérision. Montez, reine !

CLYTEMNESTRE. Au revoir, Électre.

ÉLECTRE. Au revoir, mère.

Elle va, et se retourne.

CLYTEMNESTRE. Au revoir, mari de ma fille.

Elle monte lentement l'escalier.

LE MENDIANT. On en voit, dans les familles ! On voit
tout !

ÉLECTRE. Qui a parlé ?

LE MENDIANT. Personne ! Personne n'a parlé. Vous pensez
que quelqu'un va parler dans un moment pareil[1] ?

Scène 10

LE MENDIANT, ÉLECTRE, ORESTE

ORESTE. Dis-la-moi, Électre ! Dis-la-moi !

ÉLECTRE. Te dire quoi ?

ORESTE. Ta haine. La raison de ta haine. Tu la connais
1481 maintenant. Tout à l'heure, en parlant à Clytemnestre,
    tu t'es presque évanouie dans mes bras. On eût dit de
    joie ou d'horreur.

ÉLECTRE. C'était de joie et d'horreur... Es-tu fort ou faible,
    Oreste ?

ORESTE. Dis-moi ton secret, et je vais le savoir.

ÉLECTRE. Je ne connais pas mon secret encore. Je n'ai que
    le début du fil. Ne t'inquiète pas. Tout va suivre...
    Méfie-toi. La voilà.

    Apparaît au fond Clytemnestre.

Scène 11

LE MENDIANT, ÉLECTRE,
ORESTE, CLYTEMNESTRE,
LES PETITES EUMÉNIDES

CLYTEMNESTRE. Ainsi c'est toi, Oreste ?

ORESTE. Oui, mère, c'est moi.

CLYTEMNESTRE. C'est doux, à vingt ans, de voir une
1493 mère ?

ORESTE. Une mère qui vous a chassé, triste et doux.

CLYTEMNESTRE. Tu la regardes de bien loin.

ORESTE. Elle est ce que j'imaginais.

CLYTEMNESTRE. Mon fils aussi. Beau. Souverain. Et pourtant je m'approche.

ORESTE. Moi non. A distance c'est une splendide mère.

CLYTEMNESTRE. Qui te dit que de près sa splendeur sub-
1501 siste ?

ORESTE. Ou sa maternité ?... C'est bien pour cela que je reste immobile.

CLYTEMNESTRE. Un mirage de mère, cela te suffit ?

ORESTE. J'ai eu tellement moins jusqu'à ce jour. A ce mirage du moins je peux dire ce que je ne dirai jamais à ma vraie mère.

CLYTEMNESTRE. Si le mirage le mérite, c'est déjà cela. Que lui dis-tu ?

ORESTE. Tout ce que je ne te dirai jamais. Tout ce qui, dit
1511 à toi, serait mensonge.

CLYTEMNESTRE. Que tu l'aimes ?

ORESTE. Oui.

CLYTEMNESTRE. Que tu la respectes ?

ORESTE. Oui.

CLYTEMNESTRE. Que tu l'admires ?

ORESTE. Sur ce point seul mirage et mère peuvent parta-ger.

CLYTEMNESTRE. Pour moi, c'est le contraire. Je n'aime
1520 pas le mirage de mon fils. Mais que mon fils soit lui-même devant moi, qu'il parle, qu'il respire, je perds mes forces.

ORESTE. Songe à lui nuire, tu les retrouveras.

CLYTEMNESTRE. Pourquoi es-tu si dur ? Tu n'as pas l'air
cruel, pourtant. Ta voix est douce.

ORESTE. Oui. Je ressemble point par point au fils que
j'aurais pu être. Toi aussi d'ailleurs ! A quelle mère
admirable tu ressembles en ce moment. Si je n'étais pas
ton fils, je m'y tromperais.

ÉLECTRE. Alors, pourquoi parlez-vous tous deux ? Que
1531 penses-tu gagner, mère, à cette ignoble coquetterie maternelle ? Puisque au milieu de la nuit, des haines, des
menaces, s'est ouvert une minute ce guichet qui permet
à la mère et au fils de s'entrevoir tels qu'ils ne sont pas,
profitez-en, et refermez-le. La minute est écoulée.

CLYTEMNESTRE. Pourquoi si vite ? Qui te dit qu'une
minute d'amour maternel suffise à Oreste ?

ÉLECTRE. Tout me dit que toi tu n'as pas droit, dans ta
vie, à plus d'une minute d'amour filial. Tu l'as eue. Et
1540 comble... Quelle comédie joues-tu ? Va-t'en...

CLYTEMNESTRE. Très bien. Adieu.

UNE PETITE EUMÉNIDE, *apparaissant derrière les colonnes*. Adieu, vérité de mon fils.

ORESTE. Adieu.

SECONDE PETITE EUMÉNIDE. Adieu, mirage de ma
mère.

ÉLECTRE. Vous pouvez vous dire au revoir. Vous vous
reverrez.

Scène 12

LE MENDIANT, ÉLECTRE, ORESTE,
LES PETITES EUMÉNIDES

Électre et Oreste endormis.
Les Euménides ont maintenant douze ou treize ans.

PREMIÈRE PETITE EUMÉNIDE. Ils dorment. A notre tour
1550 de jouer Clytemnestre et Oreste. Mais pas comme eux le
jouent. Jouons-le vraiment !

LE MENDIANT, *à lui-même mais à voix haute.* C'est l'histoire de ce poussé ou pas poussé que je voudrais...

DEUXIÈME EUMÉNIDE. Toi, laisse-nous jouer ! Nous
jouons !

Les trois Petites Euménides se placent dans les posi-
tions qu'avaient les acteurs de la scène précédente et
jouent en parodie, de préférence avec des masques.

PREMIÈRE EUMÉNIDE. Ainsi c'est toi, Oreste ?

DEUXIÈME EUMÉNIDE. Oui, mère, c'est moi.

PREMIÈRE EUMÉNIDE. Tu viens pour me tuer, pour tuer
1559 Égisthe ?

DEUXIÈME EUMÉNIDE. Première nouvelle.

PREMIÈRE EUMÉNIDE. Pas pour ta sœur... Tu as déjà tué,
mon petit Oreste ?

DEUXIÈME EUMÉNIDE. Ce qu'on tue quand on est bon...
Une biche... Comme en plus de bon, j'étais pitoyable,
j'ai tué le faon aussi, pour qu'il ne soit pas orphelin...
Tuer ma mère, jamais. Ce serait un parricide.

PREMIÈRE EUMÉNIDE. C'est avec cette épée que tu les as
tués ?

DEUXIÈME EUMÉNIDE. Oui. Elle coupe le fer. Tu juges,
1570 pour le faon ! Elle l'avait traversé qu'il n'avait rien
senti.

PREMIÈRE EUMÉNIDE. Je n'ai aucune arrière-pensée. Je
ne veux pas t'influencer... Mais si une épée comme
celle-là tuait ta sœur, nous serions bien tranquilles !

DEUXIÈME EUMÉNIDE. Tu veux que je tue ma sœur ?

PREMIÈRE EUMÉNIDE. Jamais. Ce serait un fratricide.
L'idéal serait que l'épée la tue toute seule. Qu'elle sorte
un jour du fourreau, comme cela, et qu'elle la tue toute
seule. Moi j'épouserais tranquillement Égisthe... Nous te
1580 rappellerions. Il prend de l'âge, Égisthe. Tu lui succéde-
rais bien vite... Tu serais le roi Oreste.

DEUXIÈME EUMÉNIDE. Une épée ne tue pas toute seule.
Il faut un assassin.

PREMIÈRE EUMÉNIDE. Évidemment. Je devrais le savoir.
Mais je parle pour le cas où les épées tueraient toutes
seules. Les redresseurs de torts sont le mal du monde. Et
ils ne s'améliorent pas en vieillissant, je te prie de le
croire. Alors que les criminels sans exception deviennent
vertueux, eux, sans exception, deviennent criminels.
1590 Non, vraiment ! Il y a une belle occasion en ce moment
pour une épée qui penserait toute seule, qui se promè-
nerait toute seule, qui tuerait toute seule. Toi, on te
marierait, à la seconde fille d'Alcmène, celle qui a ces
belles dents, celle qui rit. Tu serais le marié Oreste.

DEUXIÈME EUMÉNIDE. Je ne veux tuer ni ma sœur que
j'aime, ni ma mère que je déteste...

PREMIÈRE EUMÉNIDE. Je sais. Je sais. En un mot tu es
faible et tu as des principes !

TROISIÈME EUMÉNIDE. Alors pourquoi parlez-vous tous
1600 deux ! Puisque au milieu de la nuit, des haines, des
menaces, la lune s'élève, le rossignol chante, enlève ta

main de la poignée de ton épée, Oreste, pour voir ce qu'elle aura l'intelligence de faire toute seule !

PREMIÈRE EUMÉNIDE. C'est cela, enlève... Elle bouge, mes amies... Elle bouge !

DEUXIÈME EUMÉNIDE. Il n'y a pas de doute. C'est une épée qui pense... Elle pense tellement qu'elle est à demi sortie !

ORESTE, *endormi.* Électre !

LE MENDIANT. Allez, circulez, les chouettes ! Vous les
1611 réveillez !

ÉLECTRE, *endormie.* Oreste !

Scène 13

LE MENDIANT, ÉLECTRE, ORESTE

LE MENDIANT. C'est l'histoire de ce poussé ou pas poussé que je voudrais bien tirer au clair. Car, selon que c'est l'un ou l'autre, c'est la vérité ou le mensonge qui habite Électre, soit qu'elle mente sciemment, soit que sa mémoire devienne mensongère. Moi je ne crois pas qu'elle ait poussé. Regardez-la : à deux pouces au-dessus du sol, elle tient son frère endormi aussi serré qu'au-dessus
1620 d'un abîme. Il va rêver qu'il tombe, évidemment, mais cela vient du cœur, elle n'y est pour rien. Tandis que la reine a une ressemblance : elle ressemble à ces boulangères qui ne se baissent même pas pour ramasser leur monnaie, et aussi à ces chiennes griffonnes qui étouffent leur plus beau petit pendant leur sommeil. Après, elles le lèchent comme la reine vient de lécher Oreste, mais on n'a jamais fait d'enfant avec la salive. On voit l'histoire comme si l'on y était. Tout s'explique, si vous

supposez que la reine s'est mis une broche en diamants
1630 et qu'un chat blanc est passé. Elle tient Électre sur le
bras droit, car la fille est déjà lourde ; elle tient le bébé
sur l'autre, un peu éloigné d'elle, pour qu'il ne s'égrati-
gne pas à la broche ou qu'il ne la lui enfonce pas dans la
peau... C'est une épingle à reine, pas une épingle à nourrice... Et l'enfant voit le chat blanc, c'est magnifique, un
chat blanc, c'est de la vie blanche, c'est du poil blanc :
ses yeux le tirent, et il bascule... Et c'est une femme
égoïste. Car, de toute façon, en voyant chavirer l'enfant,
elle n'avait pour le retenir qu'à libérer son bras droit de
1640 la petite Électre, à lancer la petite Électre au loin sur le
marbre, à se ficher de la petite Électre. Qu'elle se casse
la gueule, la petite Électre, pourvu que vive et soit intact
le fils du roi des rois ! Mais elle est égoïste. Pour elle, la
femme compte autant que l'homme, parce qu'elle en est
une ; le ventre autant que la souche, parce qu'elle est un
ventre ; elle ne songe pas une seconde à détruire cette
fille à ventre pour sauver ce fils à souche, et elle garde
Électre. Tandis que voyez Électre. Elle s'est déclarée
dans les bras de son frère. Et elle a raison. Elle ne pou-
1650 vait trouver d'occasion meilleure. La fraternité est ce qui
distingue les humains. Les animaux ne connaissent que
l'amour... les chats, les perruches, et caetera ; ils n'ont de
fraternité que de pelage. Pour trouver des frères, ils sont
obligés d'aimer les hommes, de faire la retape aux hommes... Qu'est-ce qu'il fait, le petit canard, quand il se
détache de la bande des canards, et de son petit œil
tendre pétillant sur sa joue inclinée de canard, il vient
nous regarder, nous autres humains, manger ou bricoler,
c'est qu'il sait que c'est nous son frère l'homme et son
1660 frère la femme. J'en ai pris ainsi à la main, des petits
canards ; je n'ai plus eu qu'à leur tordre le cou, parce
qu'ils s'approchaient avec leur fraternité, parce qu'ils
essayaient de comprendre ce que je faisais, moi leur
frère, à couper ma croûte de fromage en y rajoutant de

l'oignon. Frère des canards, voilà notre vrai titre, car
cette petite tête qu'ils plongent dans la vase pour bar-
boter têtard et salamandre, quand ils la dressent vers
l'homme toute mordorée et bleue, elle n'est plus que
propreté, intelligence et tendresse — immangeable d'ail-
1670 leurs, la cervelle exceptée... Moi, je me charge de leur
apprendre à pleurer, à des têtes de canard !... Électre n'a
donc pas poussé Oreste ! Ce qui fait que tout ce qu'elle
dit est légitime, tout ce qu'elle entreprend sans conteste.
Elle est la vérité sans résidu, la lampe sans mazout, la
lumière sans mèche. De sorte que si elle tue, comme
cela menace, toute paix et tout bonheur autour d'elle,
c'est parce qu'elle a raison ! C'est que si l'âme d'une
fille, par le plus beau soleil, se sent un point d'angoisse,
si elle renifle, dans les fêtes et les siècles les plus splen-
1680 dides une fuite de mauvais gaz, elle doit y aller, la jeune
fille est la ménagère de la vérité, elle doit y aller jusqu'à
ce que le monde pète et craque dans les fondements des
fondements et les générations des générations, dussent
mille innocents mourir la mort des innocents pour laisser le coupable arriver à sa vie de coupable ! Regardez
les deux innocents. C'est ce qui va être le fruit de leurs
noces : remettre à la vie pour le monde et les âges un
crime déjà périmé et dont le châtiment lui-même sera
un pire crime. Comme ils ont raison de dormir pendant
1690 cette heure qu'ils ont encore ! Laissons-les. Moi je vais
faire un tour. Je les réveillerais. J'éternue toujours trois
fois quand la lune prend sa hauteur, et éternuer dans ses
mains c'est prendre un risque effroyable. Mais vous tous
qui restez, taisez-vous, inclinez-vous ! C'est le premier
repos d'Électre !... C'est le dernier repos d'Oreste !

Rideau.

LAMENTO DU JARDINIER [1]

Moi, je ne suis plus dans le jeu. C'est pour cela que je suis libre de venir vous dire ce que la pièce ne pourra vous dire. Dans de pareilles histoires, ils ne vont pas s'interrompre de se tuer et de se mordre pour venir vous
1700 raconter que la vie n'a qu'un but, aimer. Ce serait même disgracieux de voir le parricide s'arrêter, le poignard levé, et vous faire l'éloge de l'amour. Cela paraîtrait artificiel. Beaucoup ne le croiraient pas. Mais moi qui suis là, dans cet abandon, cette désolation, je ne vois vraiment pas ce que j'ai d'autre à faire ! Et je parle impartialement. Jamais je ne me résoudrai à épouser une autre qu'Électre, et jamais je n'aurai Électre. Je suis créé pour vivre jour et nuit avec une femme, et toujours je vivrai seul. Pour me donner sans relâche en toute
1710 saison et occasion, et toujours je me garderai. C'est ma nuit de noces que je passe ici, tout seul — merci d'être là —, et jamais je n'en aurai d'autre, et le sirop d'oranges que j'avais préparé pour Électre, c'est moi qui ai dû le boire — il n'en reste plus une goutte, c'était une nuit de noces longue. Alors qui douterait de ma parole ? L'inconvénient est que je dis toujours un peu le contraire de ce que je veux dire ; mais ce serait vraiment à désespérer aujourd'hui, avec un cœur aussi serré et cette amertume dans la bouche — c'est amer, au fond,
1720 l'orange —, si je parvenais à oublier une minute que j'ai à vous parler de la joie. Joie et Amour, oui. Je viens vous dire que c'est préférable à Aigreur et Haine. Comme devise à graver sur un porche, sur un foulard, c'est tellement mieux, ou en bégonias nains dans un

massif. Évidemment, la vie est ratée, mais c'est très, très
bien, la vie. Évidemment, rien ne va jamais, rien ne
s'arrange jamais, mais parfois avouez que cela va admirablement, que cela s'arrange admirablement... Pas pour
moi... Ou plutôt pour moi !... Si j'en juge d'après le désir
1730 d'aimer, le pouvoir d'aimer tout et tous, que me donne
le plus grand malheur de la vie, qu'est-ce que cela doit
être pour ceux qui ont des malheurs moindres ! Quel
amour doivent éprouver ceux qui épousent des femmes
qu'ils n'aiment pas, quelle joie ceux qu'abandonne,
après qu'ils l'ont eue une heure dans leur maison, la
femme qu'ils adorent, quelle admiration, ceux dont les
enfants sont trop laids ! Évidemment, il n'était pas très
gai, cette nuit, mon jardin. Comme petite fête, on peut
s'en souvenir. J'avais beau faire parfois comme si Élec-
1740 tre était près de moi, lui parler, lui dire : Entrez, Électre !
Avez-vous froid, Électre ? Rien ne s'y trompait, pas
même le chien, je ne parle pas de moi-même. Il nous a
promis une mariée, pensait le chien, et il nous amène un
mot. Mon maître s'est marié à un mot ; il a mis son
vêtement blanc, celui sur lequel mes pattes marquent,
qui m'empêche de le caresser, pour se marier à un mot.
Il donne du sirop d'oranges à un mot. Il me reproche
d'aboyer à des ombres, à de vraies ombres, qui n'existent pas, et lui le voilà qui essaie d'embrasser un mot. Et
1750 je ne me suis pas étendu : me coucher avec un mot,
c'était au-dessus de mes forces... On peut parler, avec un
mot, et c'est tout !... Mais assis comme moi dans ce
jardin où tout divague un peu la nuit, où la lune s'oc-
cupe au cadran solaire, où la chouette aveuglée, au lieu
de boire au ruisseau, boit à l'allée de ciment, vous auriez
compris ce que j'ai compris, à savoir : la vérité. Vous
auriez compris le jour où vos parents mouraient, que
vos parents naissaient ; le jour où vous étiez ruiné, que
vous étiez riche ; où votre enfant était ingrat, qu'il était
1760 la reconnaissance même ; où vous étiez abandonné, que

le monde entier se précipitait sur vous, dans l'élan et la
tendresse. C'est justement ce qui m'arrivait dans ce fau-
bourg vide et muet. Ils se ruaient vers moi, tous ces
arbres pétrifiés, ces collines immobiles. Et tout cela
s'applique à la pièce. Sûrement on ne peut dire qu'Électre soit l'amour même pour Clytemnestre. Mais encore
faut-il distinguer. Elle se cherche une mère, Électre. Elle
se ferait une mère du premier être venu. Elle m'épousait
parce qu'elle sentait que j'étais le seul homme, absolu-
1770 ment le seul, qui pouvait être une sorte de mère. Et
d'ailleurs je ne suis pas le seul. Il y a des hommes qui
seraient enchantés de porter neuf mois, s'il le fallait,
pour avoir des filles. Tous les hommes. Neuf mois c'est
un peu long, mais de porter une semaine, un jour, pas
un homme qui n'en soit fier. Il se peut qu'à chercher
ainsi sa mère dans sa mère elle soit obligée de lui ouvrir
la poitrine, mais chez les rois c'est plutôt théorique. On
réussit chez les rois les expériences qui ne réussissent
jamais chez les humbles, la haine pure, la colère pure.
1780 C'est toujours de la pureté[1]. C'est cela que c'est, la Tragédie, avec ses incestes, ses parricides : de la pureté,
c'est-à-dire en somme de l'innocence. Je ne sais si vous
êtes comme moi ; mais moi, dans la Tragédie, la pharaonne qui se suicide me dit espoir, le maréchal qui
trahit me dit foi, le duc qui assassine me dit tendresse[2].
C'est une entreprise d'amour, la cruauté... pardon, je
veux dire la Tragédie. Voilà pourquoi je suis sûr, ce
matin, que si je le demandais, le ciel m'approuverait,
ferait un signe, qu'un miracle est tout prêt, qui vous
1790 montrerait inscrite sur le ciel et vous ferait répéter par
l'écho ma devise de délaissé et de solitaire : Joie et
Amour. Si vous voulez, je le lui demande. Je suis sûr
comme je suis là qu'une voix d'en haut me répondrait,
que résonateurs et amplificateurs et tonnerres de Dieu,
Dieu, si je le réclame, les tient tout préparés, pour crier à
mon commandement : Joie et Amour. Mais je vous

conseille plutôt de ne pas le demander. D'abord par bienséance. Ce n'est pas dans le rôle d'un jardinier de réclamer de Dieu un orage, même de tendresse. Et puis,
1800 c'est tellement inutile. On sent tellement qu'en ce moment, et hier, et demain, et toujours, ils sont tous là-haut, autant qu'ils sont, et même s'il n'y en a qu'un, et même si cet un est absent, prêts à crier joie et amour. C'est tellement plus digne d'un homme de croire les dieux sur parole — sur parole est un euphémisme —, sans les obliger à accentuer, à s'engager, à créer entre les uns et les autres des obligations de créancier à débiteur. Moi ç'a toujours été les silences qui me convainquent... Oui, je leur demande de ne pas crier joie et amour,
1810 n'est-ce pas ? S'ils y tiennent absolument, qu'ils crient. Mais je les conjure plutôt, je vous conjure, Dieu, comme preuve de votre affection, de votre voix, de vos cris, de faire un silence, une seconde de votre silence... C'est tellement plus probant. Écoutez... Merci.

Acte II

Même décor. Peu avant le jour.

Scène 1

LE MENDIANT, ÉLECTRE, ORESTE

Électre toujours assise et tenant Oreste endormi. Un coq. Une trompette lointaine.

LE MENDIANT. Il n'est plus bien loin, n'est-ce pas, Électre ?

ÉLECTRE. Oui. Elle n'est plus bien loin.

LE MENDIANT. Je dis Il. Je parle du jour.

ÉLECTRE. Je parle de la lumière.

LE MENDIANT. Cela ne va pas te suffire que les visages des menteurs soient éclatants de soleil ? Que les adultères et les assassins se meuvent dans l'azur ? C'est cela le jour. Ce n'est déjà pas mal.

ÉLECTRE. Non. Je veux que leur visage soit noir en plein midi, leurs mains rouges. C'est cela la lumière. Je veux que leurs yeux soient cariés, leur bouche pestilentielle.

LE MENDIANT. Pendant que tu y es, tu ne saurais trop demander.

ÉLECTRE. C'est le coq... Je le réveille ?

LE MENDIANT. Réveille-le si tu veux. Moi je lui donnerais
1831 cinq minutes.

ÉLECTRE. Cinq minutes de néant... Pauvre cadeau.

LE MENDIANT. On ne sait jamais. Il y a un insecte,
paraît-il, qui ne vit que cinq minutes. En cinq minutes,
il est jeune, adulte, cacochyme, il épuise toutes les com-
binaisons d'histoires d'enfance, d'adolescence, de déboî-
tage du genou et de cataracte, d'unions légitimes ou
morganatiques. Tiens, depuis que je parle, il doit en être
au moins à la rougeole et à la puberté.

ÉLECTRE. Attendons sa mort. C'est tout ce que j'ac-
1841 corde.

LE MENDIANT. D'autant qu'il dort bien, notre frère.

ÉLECTRE. Il s'est endormi aussitôt. Il m'a échappé. Il a
glissé dans le sommeil comme dans sa vraie vie.

LE MENDIANT. Il y sourit. C'est sa vraie vie.

ÉLECTRE. Dis-moi tout, mendiant, excepté que la vraie vie
d'Oreste est de sourire !

LE MENDIANT. De rire aux éclats, d'aimer, de bien s'habiller, d'être heureux. Je l'ai deviné rien qu'à le voir.
1850 Bien servi par l'existence, ce serait un pinson, Oreste.

ÉLECTRE. Il tombe mal.

LE MENDIANT. Oui, il ne tombe pas très bien. Raison de
plus pour ne pas le presser.

ÉLECTRE. Soit. Puisqu'il a été créé pour rire aux éclats,
pour bien s'habiller, puisqu'il est un pinson, Oreste,
puisqu'il va se réveiller pour toujours sur l'épouvante, je
lui donne cinq minutes.

LE MENDIANT. D'autant qu'à ta place, puisque tu as le
choix, je m'arrangerais pour que ce matin le jour et la
1860 vérité prennent leur départ en même temps. Cela ne
signifierait pas plus qu'un attelage à deux, mais c'est cela

qui serait d'une jeune fille, et à moi tu me ferais plaisir.
La vérité des hommes colle trop à leurs habitudes, elle
part n'importe comment, de neuf heures du matin
quand les ouvriers déclarent leur grève, de six heures du
soir quand la femme avoue, et caetera : ce sont de mauvais départs, c'est toujours mal éclairé. Moi je suis habi-
tué aux animaux. Ceux-là savent partir. Le premier
bond du lapin dans sa bruyère, à la seconde où surgit le
1870 soleil, le premier saut sur son échasse de la sarcelle, le
premier galop de l'ourson hors de son rocher, cela, je te
l'assure, c'est un départ vers la vérité. S'ils n'arrivent
pas, c'est vraiment qu'ils n'ont pas à arriver. Un rien les
distrait, un goujon, une abeille. Mais fais comme eux,
Électre, pars de l'aurore.

ÉLECTRE. Heureux règne où le goujon et l'abeille sont les
mensonges ! Mais ils bougent déjà, tes animaux !

LE MENDIANT. Non. Ce sont ceux de la nuit qui rentrent.
Les chouettes, les rats. C'est la vérité de la nuit qui
1880 rentre... Chut, écoute les deux derniers, les rossignols
naturellement : la vérité des rossignols.

Scène 2

LE MENDIANT, ÉLECTRE, ORESTE,
AGATHE, LE JEUNE HOMME

AGATHE. Ô mon amour chéri, tu as bien compris, n'est-ce
pas ?

LE JEUNE HOMME. Oui. J'aurai réponse à tout.

AGATHE. S'il te trouve dans l'escalier ?

LE JEUNE HOMME. Je venais voir le médecin qui habite
au-dessus.

AGATHE. Tu oublies déjà ! C'est un vétérinaire. Achète un chien... S'il me trouve dans tes bras ?

LE JEUNE HOMME. Je t'ai ramassée au milieu de la rue, la
1891 cheville foulée.

AGATHE. Si c'est dans notre cuisine ?

LE JEUNE HOMME. Je fais l'homme ivre. Je ne sais où je suis. Je casse tous les verres.

AGATHE. Un seul suffit, chéri ! Un petit. Les grands sont en cristal... Si c'est dans notre chambre, et que nous soyons habillés ?

LE JEUNE HOMME. Que c'est lui justement que je cherche, pour parler politique. Qu'il faut vraiment venir là pour
1900 le trouver.

AGATHE. Si c'est dans notre chambre, et que nous soyons déshabillés ?

LE JEUNE HOMME. Que je suis entré par surprise, que tu me résistes, que tu es la perfidie même, qui vous aguiche depuis six mois, et vous reçoit en voleur, le moment arrivé... Une grue !

AGATHE. Ô mon amour !

LE JEUNE HOMME. Une vraie grue !...

AGATHE. J'ai entendu... Ô chéri, le jour approche, et je t'ai
1910 eu une heure à peine, et combien de temps encore va-t-il consentir à croire que je suis somnambule, et qu'il est moins dangereux de me laisser errer dans les bosquets que sur les toits ? Ô mon cœur, crois-tu qu'il soit un mensonge qui me permette de t'avoir la nuit dans notre lit, moi entre vous deux, et que tout lui paraisse naturel ?

LE JEUNE HOMME. Cherche bien. Tu le trouveras.

AGATHE. Un mensonge grâce auquel vous puissiez même vous parler l'un à l'autre, si cela vous plaît, par-dessus

1920 ton Agathe, de vos élections et de vos courses... Et qu'il
ne se doute de rien... C'est cela qu'il nous faut, c'est
cela !

LE JEUNE HOMME. Juste cela.

AGATHE. Hélas ! Pourquoi est-il si vaniteux, pourquoi
a-t-il le sommeil si léger, pourquoi m'adore-t-il ?

LE JEUNE HOMME. C'est la litanie éternelle. Pourquoi l'as-
tu épousé ? Pourquoi l'as-tu aimé ?

AGATHE. Moi ! Menteur ! Je n'ai jamais aimé que toi !

LE JEUNE HOMME. Que moi ! Songe dans les bras de qui
1930 je t'ai trouvée avant-hier !

AGATHE. C'est que justement j'avais pris une entorse.
Celui dont tu parles me rapportait.

LE JEUNE HOMME. Je connais depuis une minute l'histoire
de l'entorse.

AGATHE. Tu ne connais rien. Tu ne comprends rien. Tu ne
comprends pas que cet accident m'en a donné l'idée
pour nous !

LE JEUNE HOMME. Quand je le croise dans ton escalier, il
est sans chiens, je t'assure, et sans chats.

AGATHE. C'est un cavalier. On n'amène pas les chevaux à
1941 la consultation.

LE JEUNE HOMME. Et toujours il sort de chez toi.

AGATHE. Pourquoi me forces-tu à trahir un secret d'État !
Il vient consulter mon mari. On soupçonne un complot[1]
dans la ville. Je t'en conjure : ne le dis à personne. Ce
serait sa révocation. Tu me mettrais sur la paille.

LE JEUNE HOMME. Un soir, il se hâtait, son écharpe mal
mise, sa tunique entrouverte.

AGATHE. Je le pense bien. C'est le jour où il avait voulu
1950 m'embrasser. Je l'ai reçu !

LE JEUNE HOMME. Tu ne lui as pas permis de t'embrasser, puissant comme il est ? J'attendais en bas ! Il est resté deux heures.

AGATHE. Il est resté deux heures, mais je ne lui ai pas permis de m'embrasser.

LE JEUNE HOMME. Il t'a donc embrassée sans permission. Avoue-le, Agathe, ou je pars !

AGATHE. Me contraindre à cet aveu ! C'est bien fait pour ma franchise ! Oui, il m'a embrassée... Une seule fois...
1960 Et sur le front.

LE JEUNE HOMME. Et tu ne trouves pas cela horrible ?

AGATHE. Horrible ? Épouvantable.

LE JEUNE HOMME. Et tu n'en souffres pas ?

AGATHE. Pas du tout... Ah ! si j'en souffre ? A mourir ! A mourir ! Embrasse-moi, chéri. Maintenant tu sais tout, et au fond j'en suis heureuse. Tu n'aimes pas mieux que tout soit clair entre nous ?

LE JEUNE HOMME. Oui. Je préfère tout au mensonge.

AGATHE. Quelle gentille façon de dire que tu me préfères à
1970 tout, mon amour !...

Agathe et le jeune homme sortent.

Scène 3
LE MENDIANT, ÉLECTRE, ORESTE,
LES EUMÉNIDES

Les Petites Euménides ont encore grandi. Elles ont quinze ans.

LE MENDIANT. Une aubade, à l'aube d'un tel jour ! C'est toujours cela !

ÉLECTRE. L'insecte est mort, mendiant ?

LE MENDIANT. Et dissous dans la création. Ses arrière-petits-fils se débattent avec la goutte des centenaires.

ÉLECTRE. Oreste !

LE MENDIANT. Tu vois bien qu'il ne dort plus. Ses paupières sont levées.

ÉLECTRE. Où es-tu, Oreste ? A quoi penses-tu ?

PREMIÈRE EUMÉNIDE. Oreste, c'est juste temps ; n'écoute
1981 pas ta sœur !

DEUXIÈME EUMÉNIDE. Ne l'écoute pas ! Nous avons appris ce que contient la vie, c'est fabuleux !

TROISIÈME EUMÉNIDE. Tout à fait par hasard, en grandissant dans la nuit.

DEUXIÈME EUMÉNIDE. Nous ne te disons rien de l'amour, mais cela nous paraît extraordinaire !

PREMIÈRE EUMÉNIDE. Et elle va tout gâter avec son venin.

TROISIÈME EUMÉNIDE. Avec son venin de vérité, le seul
1991 sans remède.

PREMIÈRE EUMÉNIDE. Tu as raison. Nous savons à quoi tu penses. C'est magnifique, la royauté, Oreste ! Les jeunes filles dans les parcs royaux qui donnent du pain au cygne, cependant que de leur blouse pend le médaillon du roi Oreste, qu'elles embrassent à la dérobée. Le départ pour la guerre, avec les femmes sur les toits, avec le ciel comme une voile, et ce cheval blanc qui steppe sous les musiques. Le retour de la guerre, avec le visage
2000 du roi qui paraît maintenant le visage d'un dieu, tout simplement parce qu'il a eu un peu froid, un peu faim, un peu peur, un peu pitié. Si la vérité doit gâter tout cela, qu'elle périsse !

DEUXIÈME EUMÉNIDE. Tu as raison. C'est magnifique, l'amour, Oreste ! On ne se quitte jamais, paraît-il. On ne

s'est pas plus tôt séparé, paraît-il, qu'on revient en courant, qu'on s'agrippe par les mains. Où qu'on aille, on se
retrouve aussitôt face à face. La terre est ronde pour
ceux qui s'aiment. Déjà je me heurte partout contre
2010 celui que j'aime, et il n'existe pas encore. Voilà ce
qu'Électre veut te ravir, et à nous aussi, avec sa vérité.
Nous voulons aimer. Fuis Électre !

ÉLECTRE. Oreste !

ORESTE. Je suis réveillé, sœur.

ÉLECTRE. Réveille-toi de ce réveil. N'écoute pas ces filles !

ORESTE. Ô Électre, es-tu sûre qu'elles n'ont pas raison ?
Es-tu sûre que ce n'est pas la pire arrogance, pour un
humain, à cette heure, de vouloir retrouver sa propre
2020 trace ? Pourquoi ne pas prendre la première route, et
aller au hasard ? Fie-toi à moi. Je suis dans un de ces
moments où je vois si nette la piste de ce gibier qui
s'appelle le bonheur.

ÉLECTRE. Hélas ! ce n'est pas notre chasse d'aujourd'hui.

ORESTE. Ne plus nous quitter, cela seul compte ! Fuyons ce
palais. Allons en Thessalie. Tu verras ma maison, perdue dans les roses et les jasmins.

ÉLECTRE. Tu m'as sauvée du jardinier, Oreste chéri. Ce
n'est pas pour me donner aux fleurs.

ORESTE. Laisse-toi convaincre. Glissons-nous hors des bras
2031 de cette pieuvre qui va nous enserrer tout à l'heure.
Réjouissons-nous d'être réveillés avant elle ! Viens !

PREMIÈRE EUMÉNIDE. Elle est réveillée ! Regarde ses
yeux !

TROISIÈME EUMÉNIDE. Tu as raison. C'est merveilleux,
le printemps, Oreste. Quand, par-dessus les haies qui
n'ont pas encore poussé, on ne voit que le dos un peu
mouvant des animaux qui broutent l'herbe neuve, et

que seule la tête de l'âne les dépasse et vous regarde. Elle
2040 te paraîtra drôle, la tête de l'âne, si tu es l'assassin de ton
oncle. C'est drôle, un âne qui vous regarde quand vous
avez les mains rouges du sang de votre oncle.

ORESTE. Que dit-elle ?

TROISIÈME EUMÉNIDE. Parlons-en, du printemps ! Les
mottes de beurre qui flottent au printemps sur les sour-
ces avec le cresson, tu verras quelle caresse elles peuvent
être pour le cœur de ceux qui ont tué leur mère. Étends
ton beurre sur ton pain avec un couteau, ce jour-là,
même si ce n'est pas le couteau qui a tué ta mère, et tu
2050 verras.

ORESTE. Aide-moi, Électre !

ÉLECTRE. Ainsi tu es comme tous les hommes, Oreste ! La
moindre flatterie les relâche, la moindre fraîcheur les
soudoie. T'aider ? Je le sais, ce que tu voudrais m'entendre dire.

ORESTE. Alors dis-le-moi.

ÉLECTRE. Que les humains sont bons, après tout, que la
vie après tout est bonne !

ORESTE. N'est-ce pas vrai ?

ÉLECTRE. Que ce n'est pas un mauvais sort que d'être
2061 jeune, beau et prince[1]. D'avoir une sœur jeune et princesse. Qu'il suffit de laisser les hommes à leurs petites
occupations de bassesse et de vanité, de ne pas presser
sur les pustules humaines, et de vivre des beautés du
monde !

ORESTE. Et n'est-ce pas ce que tu me dis ?

ÉLECTRE. Non. Je te dis que notre mère a un amant.

ORESTE. Tu mens ! C'est impossible !

PREMIÈRE EUMÉNIDE. Elle est veuve. Elle a bien rai-
2070 son.

ÉLECTRE. Je te dis que notre père a été tué !

ORESTE. Tué, Agamemnon !

ÉLECTRE. Poignardé par des assassins.

DEUXIÈME EUMÉNIDE. Il y a sept ans. C'est de l'histoire ancienne.

ORESTE. Et tu savais cela, et tu m'as laissé dormir toute une nuit !

ÉLECTRE. Je ne le savais pas. C'est là justement le cadeau de la nuit. Elle a rejeté ces vérités sur son rivage. Je
2080 saurai désormais comment font les devineresses. Elles pressent toute une nuit leur frère endormi contre leur cœur.

ORESTE. Notre père, tué ! Qui te l'a dit ?

ÉLECTRE. Lui-même.

ORESTE. Il t'a parlé, avant de mourir ?

ÉLECTRE. Il m'avait parlé mort, le jour même du meurtre, mais cette parole a mis sept ans à m'atteindre.

ORESTE. Il t'est apparu ?

ÉLECTRE. Non. Son cadavre cette nuit m'est apparu [1], tel
2090 qu'il était le jour du meurtre, mais c'était lumineux, il suffisait de lire : il y avait dans son vêtement un pli qui disait : je ne suis pas le pli de la mort, mais le pli de l'assassinat. Et il y avait sur le soulier une boucle qui répétait : je ne suis pas la boucle de l'accident, mais la boucle du crime. Et il y avait dans la paupière retombée une ride qui disait : je n'ai pas vu la mort, j'ai vu les régicides.

ORESTE. Pour notre mère, qui te l'a dit ?

ÉLECTRE. Elle-même. Encore elle-même.

ORESTE. Elle a avoué ?

ÉLECTRE. Non. Je l'ai vue morte. Son cadavre d'avance l'a

Renée Faure et Annie Ducaux. Mise en scène de Pierre Dux (Comédie-Française, 1959).

2102 trahie. Aucun doute. Son sourcil était le sourcil d'une femme morte qui a eu un amant.

ORESTE. Quel est cet amant ? Quel est cet assassin ?

ELECTRE. C'est pour le trouver que je t'éveille. Espérons que c'est le même. Tu n'auras qu'un coup à donner.

ORESTE. Je crois qu'il vous faut partir, mes filles. Ma sœur m'offre à mon réveil une reine qui se prostitue et un roi assassiné... Mes parents.

PREMIÈRE EUMÉNIDE. Ce n'est déjà pas mal. N'y ajoute
2111 rien.

ÉLECTRE. Pardon, Oreste.

DEUXIÈME EUMÉNIDE. Elle s'excuse maintenant.

TROISIÈME EUMÉNIDE. Je te perds ta vie, et je m'excuse.

LE MENDIANT. Elle a tort de s'excuser. C'est le genre de réveil que nous réservent habituellement nos femmes et nos sœurs. Il faut croire qu'elles sont faites pour cela.

ÉLECTRE. Elles ne sont faites que pour cela. Épouses, bel-
2120 les-sœurs, belles-mères, toutes, quand les hommes au matin ne voient plus, par leurs yeux engourdis, que la pourpre et l'or, c'est elles qui les secouent, qui leur tendent, avec le café et l'eau chaude, la haine de l'injustice et le mépris du petit bonheur.

ORESTE. Pardon, Électre !

DEUXIÈME EUMÉNIDE. A son tour de s'excuser. Ils sont polis dans la famille !

PREMIÈRE EUMÉNIDE. Ils enlèvent leur tête pour se saluer.

ÉLECTRE. Et elles épient leur réveil. Et les hommes, n'eus-
2131 sent-ils dormi que cinq minutes, ils ont repris l'armure du bonheur : la satisfaction, l'indifférence, la générosité, l'appétit. Et une tache de soleil les réconcilie avec toutes

les taches de sang. Et un chant d'oiseau avec tous les mensonges. Mais elles sont là, toutes, sculptées par l'insomnie, avec la jalousie, l'envie, l'amour, la mémoire : avec la vérité. Tu es réveillé, Oreste ?

PREMIÈRE EUMÉNIDE. Et nous allons avoir son âge dans une heure ! Que le ciel nous fasse différentes !

ORESTE. Je pense que je m'éveille.

LE MENDIANT. Votre mère vient, mes enfants !

ORESTE. Où est mon épée ?

ÉLECTRE. Bravo. Voilà ce que j'appelle un bon réveil. 2144 Prends ton épée. Prends ta haine. Prends ta force.

Scène 4

LE MENDIANT, ÉLECTRE, ORESTE, CLYTEMNESTRE

CLYTEMNESTRE. Leur mère paraît. Et ils deviennent des statues.

ÉLECTRE. Des orphelins, tout au plus.

CLYTEMNESTRE. Je n'écouterai plus une fille insolente !

ÉLECTRE. Écoute le fils.

ORESTE. Qui est-ce, mère ? Avoue !

CLYTEMNESTRE. Quels enfants êtes-vous qui, en deux 2152 mots, faites de notre rencontre un drame ? Laissez-moi, ou j'appelle !

ÉLECTRE. Qui appelles-tu ? Lui ?

ORESTE. Tu te débats beaucoup, mère.

LE MENDIANT. Attention, Oreste. Le gibier innocent se débat comme l'autre.

CLYTEMNESTRE. Le gibier ? Quelle sorte de gibier suis-je
2159 pour mes enfants ? Parle, Oreste, parle !

ORESTE. Je n'ose !

CLYTEMNESTRE. Électre, alors. Elle osera.

ÉLECTRE. Qui est-ce, mère ?

CLYTEMNESTRE. De qui, de quoi voulez-vous parler ?

ORESTE. Mère, est-ce vrai que tu as...

ÉLECTRE. Ne précise donc pas, Oreste. Demande-lui simplement qui est-ce. Il y a en elle un nom. Quelle que soit
ta question, si tu la presses bien, le nom sortira...

ORESTE. Mère, est-ce vrai que tu as un amant ?

CLYTEMNESTRE. C'est aussi ta question, Électre ?

ÉLECTRE. On peut la poser ainsi.

CLYTEMNESTRE. Mon fils et ma fille me demandent si j'ai
2172 un amant ?

ÉLECTRE. Ton mari ne peut plus te le demander.

CLYTEMNESTRE. Les dieux rougiraient de t'entendre.

ÉLECTRE. Cela m'étonnerait. Ils rougissent rarement depuis quelque temps.

CLYTEMNESTRE. Je n'ai pas d'amant. Mais veillez à vos
actes. Tout le mal du monde est venu de ce que les
soi-disant purs ont voulu déterrer les secrets et les ont
2180 mis en plein soleil[1].

ÉLECTRE. La pourriture née du soleil, je l'accepte.

CLYTEMNESTRE. Je n'ai pas d'amant. Je ne peux avoir
d'amant, même si je le désirais. Mais prenez garde. Les
curieux n'ont pas eu de chance dans notre famille : ils
pistaient un vol et découvraient un sacrilège ; ils sui-
vaient une liaison et butaient contre un inceste. Vous ne
découvrirez pas que j'ai un amant, puisque je n'en ai

pas, mais vous trébucherez sur quelque pavé mortel
2189 pour vos sœurs[1] et pour vous-mêmes.

ÉLECTRE. Quel est ton amant?

ORESTE. Écoute-la, du moins, Électre!

CLYTEMNESTRE. Je n'ai pas d'amant. Mais allez-vous me
dire où serait le crime, si j'en avais un?

ORESTE. Ô mère, tu es reine!

CLYTEMNESTRE. Le monde n'est pas vieux, et le jour
vient de naître. Mais il nous faudrait déjà au moins
jusqu'au crépuscule pour citer les reines qui ont eu un
amant.

ORESTE. Mère, je t'en supplie. Combats ainsi, combats
2200 encore! Convaincs-nous. Si cette lutte nous rend une
reine, bénie soit-elle, tout nous est rendu!

ÉLECTRE. Tu ne vois pas que tu lui fournis ses armes,
Oreste?

CLYTEMNESTRE. Très bien. Laisse-moi seule avec Électre,
veux-tu?

ORESTE. Le faut-il, sœur?

ÉLECTRE. Oui. Oui. Attends là, sous la voûte. Et dès que je
crierai Oreste, accours. Accours de toute ta vitesse. C'est
2209 que je saurai tout.

Scène 5

LE MENDIANT, ÉLECTRE, CLYTEMNESTRE

CLYTEMNESTRE. Aide-moi, Électre!

ÉLECTRE. T'aider à quoi? A dire la vérité, ou à mentir?

CLYTEMNESTRE. Protège-moi.

ÉLECTRE. Voilà la première fois que tu te penches vers ta fille, mère. Tu dois avoir peur.

CLYTEMNESTRE. J'ai peur d'Oreste.

ÉLECTRE. Tu mens. Tu n'as point peur d'Oreste. Tu le vois comme il est : passionné, changeant, faible. Il rêve encore d'une idylle chez les Atrides. C'est moi que tu 2220 redoutes, pour moi que tu joues ce jeu dont le sens m'échappe encore. Tu as un amant, n'est-ce pas ? Qui est-il ?

CLYTEMNESTRE. Lui ne sait rien. Lui n'est pas en cause.

ÉLECTRE. Il ne sait pas qu'il est ton amant ?

CLYTEMNESTRE. Cesse d'être ce juge, Électre. Cesse ta poursuite. Tu es ma fille, après tout.

ÉLECTRE. Après tout. Après exactement tout. A ce titre je te poursuis.

CLYTEMNESTRE. Alors, cesse d'être ma fille. Cesse de me 2230 haïr. Sois seulement ce que je cherche en toi, une femme. Prends ma cause, elle est la tienne. Défends-toi en me défendant.

ÉLECTRE. Je ne suis pas inscrite à l'association des femmes. Il faudra une autre que toi pour m'embaucher.

CLYTEMNESTRE. Tu as tort. Si tu trahis ta compagne de condition, de corps, d'infortune, c'est de toi la première qu'Oreste prendra horreur. Le scandale n'est jamais retombé que sur ceux qui le provoquent. A quoi te sert d'éclabousser toutes les femmes en m'éclaboussant ! Tu 2240 souilleras pour les yeux d'Oreste tout ce par quoi tu me ressembles.

ÉLECTRE. Je ne te ressemble en rien. Depuis longtemps je ne regarde plus mon miroir que pour m'assurer de cette chance. Tous les marbres polis, tous les bassins d'eau du palais me l'ont déjà crié, ton visage me le crie : Le nez

d'Électre n'a rien du nez de Clytemnestre. Mon front est
à moi. Ma bouche est à moi. Et je n'ai pas d'amant.

CLYTEMNESTRE. Écoute-moi ! Je n'ai pas d'amant.
J'aime.

ÉLECTRE. N'essaie pas de cette ruse. Tu jettes dans mes
2251 pieds l'amour comme les voituriers poursuivis par les
loups leur jettent un chien. Le chien n'est pas ma nour-
riture.

CLYTEMNESTRE. Nous sommes femmes, Électre, nous
avons le droit d'aimer.

ÉLECTRE. Je sais qu'on a beaucoup de droits dans la con-
frérie des femmes. Si vous payez le droit d'entrée, qui
est lourd, qui est d'admettre que les femmes sont faibles,
menteuses, basses, vous avez le droit général de fai-
2260 blesse, de mensonge, de bassesse. Le malheur est que les
femmes sont fortes, loyales, nobles. Alors tu te trompes.
Tu n'avais le droit d'aimer que mon père. L'aimais-tu ?
Le soir de tes noces, l'aimais-tu ?

CLYTEMNESTRE. Où veux-tu en venir ? Tu veux m'entendre dire que ta naissance ne doit rien à mon amour, que
tu as été conçue dans la froideur ? Sois satisfaite. Tout le
monde ne peut pas être comme ta tante Léda, et pondre
des œufs. Mais pas une fois tu n'as parlé en moi. Nous
avons été des indifférentes dès ta première minute. Tu
2270 ne m'as même pas fait souffrir à ta naissance. Tu étais
menue, réticente. Tu serrais les lèvres. Si un an tu as
serré obstinément les lèvres, c'est de peur que ton premier mot ne soit le nom de ta mère. Ni toi ni moi
n'avons pleuré ce jour-là. Ni toi ni moi n'avons jamais
pleuré ensemble.

ÉLECTRE. Les parties de pleurs ne m'intéressent pas.

CLYTEMNESTRE. Tu pleureras bientôt, sois-en sûre, et
peut-être sur moi.

ÉLECTRE. Les yeux peuvent pleurer tout seuls. Ils sont là
2280 pour cela.

CLYTEMNESTRE. Oui, et même les tiens, qui ont l'air de
deux pierres. Un jour les pleurs les noieront.

ÉLECTRE. Vienne ce jour... Mais pourquoi lances-tu maintenant dans mes jambes, pour me retenir, la froideur au
lieu de l'amour ?

CLYTEMNESTRE. Pour que tu comprennes que j'ai le droit
d'aimer. Pour que tu saches que tout dans ma vie a été
dur comme ma fille à son premier jour. Depuis mon
mariage, jamais de solitude, jamais de retraite. Je n'ai
2290 été dans les forêts que les jours de procession. Pas de
repos, même pour mon corps. Il était couvert toute la
journée par des robes d'or, et la nuit par un roi. Partout
une méfiance qui gagnait jusqu'aux objets, jusqu'aux
animaux, jusqu'aux plantes. Souvent en voyant les tilleuls du palais, maussades, silencieux, avec leur odeur
de nourrice, je me disais : ils me font la tête d'Électre le
jour de sa naissance. Jamais une reine n'a eu à ce point
le lot des reines, l'absence du mari, la méfiance des fils,
2299 la haine des filles... Que me restait-il ?

ÉLECTRE. Ce qui restait aux autres, l'attente.

CLYTEMNESTRE. L'attente de quoi ? L'attente est horrible.

ÉLECTRE. Celle qui t'étreint en ce moment, peut-être.

CLYTEMNESTRE. Tu peux me dire qui tu attends, toi ?

ÉLECTRE. Je n'attends plus rien, mais dix ans j'ai attendu
mon père. Le seul bonheur que j'ai connu en ce monde
est l'attente.

CLYTEMNESTRE. C'est un bonheur pour vierges. C'est un
2309 bonheur solitaire.

ÉLECTRE. Crois-tu ? A part toi, à part les hommes, il
n'était rien dans le palais qui n'attendît mon père avec

moi, qui ne fût complice ou partie dans mon attente.
Cela commençait le matin, mère, à ma première promenade sous ces tilleuls qui te haïssent, qui attendaient
mon père d'une attente qu'ils essayaient vainement de
comprimer en eux, vexés de vivre par années et non,
comme il l'aurait fallu, par décades, honteux de l'avoir
trahi à chaque printemps quand ils ne pouvaient plus
contenir leurs fleurs et leurs parfums, et qu'ils défail-
2320 laient avec moi sur son absence. Cela continuait à midi,
quand j'allais au torrent, le plus fortuné de nous tous,
qui lui pouvait bouger, qui attendait mon père en courant vers un fleuve qui courait vers la mer. Cela se
poursuivait le soir, quand je n'avais plus la force
d'attendre près de ses chiens, de ses chevaux, pauvres
bêtes trop mortelles, incapables par nature de l'attendre
des siècles, et que je me réfugiais vers les colonnes, les
statues. Je prenais modèle sur elles. J'attendais, debout
sous la lune, pendant des heures, immobile, comme
2330 elles, sans penser, sans vivre. Je l'attendais d'un cœur de
pierre, de marbre, d'albâtre, d'onyx, mais qui battait et
me fracassait la poitrine... Où en serais-je s'il n'y avait
pas encore des heures où j'attends encore, où j'attends le
passé, où je l'attends encore !

CLYTEMNESTRE. Moi je n'attends plus, j'aime.

ÉLECTRE. Et tout va pour toi, maintenant ?

CLYTEMNESTRE. Tout va.

ÉLECTRE. Les fleurs t'obéissent enfin ? Les oiseaux te par-
2339 lent ?

CLYTEMNESTRE. Oui, tes tilleuls me font des signes.

ÉLECTRE. C'est bien possible, tu m'as tout volé dans la
vie.

CLYTEMNESTRE. Aime. Nous partagerons.

ÉLECTRE. Partager l'amour avec toi ? C'est comme si tu
m'offrais de partager ton amant. Qui est-ce ?

CLYTEMNESTRE. Ô Électre, pitié ! Je te le dirai, son nom, dût-il te faire rougir. Mais laisse passer quelques jours. Qu'attends-tu d'un scandale ? Songe à ton frère. Comment imaginer que le peuple d'Argos laisse jamais 2350 Oreste succéder à une mère indigne ?

ÉLECTRE. Une mère indigne ? Que cherches-tu par cet aveu ? Quel temps veux-tu gagner ? Quel piège me tends-tu ? Quelle couvée veux-tu sauver, comme la perdrix, en boitant du côté de l'amour et de l'indignité ?

CLYTEMNESTRE. Épargne-moi une honte publique. Pourquoi me forcer à avouer que j'aime au-dessous de mon rang !

ÉLECTRE. Un petit lieutenant, sans nom, sans grade ?

CLYTEMNESTRE. Oui.

ÉLECTRE. Tu mens. Si ton amant était un petit officier sans 2361 nom et sans gloire, s'il était le baigneur, l'écuyer, tu l'aimerais. Mais tu n'aimes pas, tu n'as jamais aimé. Qui est-ce ? Pourquoi me refuses-tu ce nom comme on refuse une clef ? Quel meuble as-tu peur que l'on ouvre avec ce nom-là ?

CLYTEMNESTRE. Un meuble qui est à moi, mon amour.

ÉLECTRE. Dis-moi le nom de ton amant, mère, et je te dirai si tu aimes. Et il restera entre nous pour tou-2370 jours.

CLYTEMNESTRE. Jamais.

ÉLECTRE. Tu vois ! Ce n'est pas ton amant, c'est ton secret que tu me caches. Tu as peur que son nom me donne la seule preuve qui m'échappe encore, dans cette chasse !

CLYTEMNESTRE. Quelle preuve ? Tu es folle !

ÉLECTRE. La raison du forfait. Tout me dit que tu l'as commis, mère. Mais ce que je ne vois pas encore, ce

qu'il faut que tu m'apprennes, c'est pourquoi tu l'aurais
commis. Toutes les clefs, comme tu dis, je les ai essayées.
2380 Aucune n'ouvre encore. Ni l'amour. Tu n'aimes rien. Ni
l'ambition. Tu te moques d'être reine. Ni la colère. Tu
es réfléchie, tu calcules. Mais le nom de ton amant va
tout éclairer, va tout nous dire, n'est-ce pas ? Qui aimes-
tu ? Qui est-ce ?

Scène 6

LE MENDIANT, ÉLECTRE, CLYTEMNESTRE,
AGATHE, LE PRÉSIDENT, L'ÉCUYER,
puis LES EUMÉNIDES

Entre Agathe, poursuivie par le président.

LE PRÉSIDENT. Qui est-ce ? Qui aimes-tu ?

AGATHE. Je te hais.

LE PRÉSIDENT. Qui est-ce ?

AGATHE. Je te dis que c'est fini. Fini le mensonge. Électre
a raison. Je passe dans son camp. Merci, Électre ! Tu me
2390 donnes la vie !

LE PRÉSIDENT. Que chante-t-elle ?

AGATHE. La chanson des épouses. Tu vas la connaître.

LE PRÉSIDENT. Elle va chanter, maintenant !

AGATHE. Oui, nous sommes toutes là, avec nos maris
insuffisants ou nos veuvages. Et toutes nous nous con-
sumons à leur rendre la vie et la mort agréables. Et s'ils
mangent de la laitue cuite, il leur faut le sel et un sourire. Et s'ils fument, il nous faut allumer leur ignoble
cigare avec la flamme de notre cœur !

LE PRÉSIDENT. Pour qui parles-tu ? Tu m'as vu jamais
2401 manger de la laitue cuite ?

AGATHE. Ton oseille, si tu veux.

LE PRÉSIDENT. Et il n'en mange pas d'oseille, et il ne fume
pas le cigare, ton amant ?

AGATHE. L'oseille mangée par mon amant devient une
ambroisie, dont je lèche les restes. Et tout ce qui est
souillé quand mon mari le touche sort purifié de ses
mains ou de ses lèvres... Moi-même... Et Dieu sait !

ÉLECTRE. J'ai trouvé, mère, j'ai trouvé !

LE PRÉSIDENT. Reviens à toi, Agathe !

AGATHE. Justement. J'y reviens. J'y suis enfin revenue !...
2412 Et vingt-quatre heures par jour, nous nous tuons, nous
nous suicidons pour la satisfaction d'un être dont le
mécontentement est notre seule joie, pour la présence
d'un mari dont l'absence est notre seule volupté, pour la
vanité du seul homme qui nous montre journellement
ce qui nous humilie le plus au monde, ses orteils et la
petite queue de son linge. Et voilà qu'il ose nous repro-
cher de lui dérober par semaine une heure de cet en-
2420 fer !... Mais alors, c'est vrai, il a raison ! Quand cette
heure merveilleuse arrive, nous n'y allons pas de main
morte !

LE PRÉSIDENT. Voilà ton ouvrage, Électre. Ce matin encore, elle m'embrassait !

AGATHE. Je suis jolie et il est laid. Je suis jeune et il est
vieux. J'ai de l'esprit et il est bête. J'ai une âme et il n'en
a pas. Et c'est lui qui a tout. En tout cas, il m'a. Et c'est
moi qui n'ai rien. En tout cas, je l'ai. Et jusqu'à ce
matin, moi qui donnais tout, c'est moi qui devais paraî-
2430 tre comblée. Pourquoi ?... Je lui cire ses chaussures.
Pourquoi ?... Je lui brosse ses pellicules. Pourquoi ?... Je
lui filtre son café. Pourquoi ? Alors que la vérité serait

que je l'empoisonne, que je frotte son col de poix et de
cendre. Les souliers encore, je comprends. Je crachais
sur eux. Je crachais sur toi. Mais c'est fini, c'est fini...
Salut, ô vérité. Électre m'a donné son courage. C'est fait,
c'est fait. J'aime autant mourir !

LE MENDIANT. Elles chantent bien, les épouses.

LE PRÉSIDENT. Qui est-ce ?

ÉLECTRE. Écoute, mère ! Écoute-toi ! C'est toi qui par-
2441 les !

AGATHE. Qui est-ce ? Ils croient, tous ces maris, que ce
n'est qu'une personne !

LE PRÉSIDENT. Des amants ? Tu as des amants ?

AGATHE. Ils croient que nous ne les trompons qu'avec des
amants. Avec les amants aussi, sûrement... Nous vous
trompons avec tout. Quand ma main glisse, au réveil, et
machinalement tâte le bois du lit, c'est mon premier
adultère. Employons-le, pour une fois, ton mot « adul-
2450 tère ». Que je l'ai caressé, ce bois, en te tournant le dos,
durant mes insomnies ! C'est de l'olivier. Quel grain
doux ! Quel nom charmant ! Quand j'entends le mot
« olivier » dans la rue, j'en ai un sursaut. J'entends le
nom de mon amant ! Et mon second adultère, c'est
quand mes yeux s'ouvrent et voient le jour à travers
la persienne. Et mon troisième, c'est quand mon pied
touche l'eau du bain, c'est quand j'y plonge. Je te
trompe avec mon doigt, avec mes yeux, avec la plante
de mes pieds. Quand je te regarde, je te trompe.
2460 Quand je t'écoute, quand je feins de t'admirer à ton
tribunal, je te trompe. Tue les oliviers, tue les pigeons,
les enfants de cinq ans, fillettes et garçons, et l'eau,
et la terre, et le feu ! Tue ce mendiant. Tu es trompé
par eux.

LE MENDIANT. Merci.

LE PRÉSIDENT. Et hier soir encore cette femme me versait ma tisane. Et elle la trouvait trop tiède ! Et elle faisait rebouillir de l'eau ! Vous êtes content, vous ! Un petit scandale à l'intérieur d'un grand n'est pas pour vous déplaire !

LE MENDIANT. Non. C'est l'écureuil dans la grande roue.
2471 Cela lui donne son vrai mouvement.

LE PRÉSIDENT. Et cet esclandre devant la reine elle-même, vous l'excusez ?

ÉLECTRE. La reine envie Agathe. La reine aurait donné sa vie pour s'offrir une fois ce qu'Agathe s'offre aujourd'hui. Qui est-ce, mère ?

LE MENDIANT. En effet. Ne vous laissez pas distraire, président. Voilà presque une minute que vous ne lui avez demandé qui est-ce.

LE PRÉSIDENT. Qui est-ce ?

AGATHE. Je te l'ai dit. Tous. Tout.

LE PRÉSIDENT. C'est à se tuer ! A se jeter la tête contre le
2483 mur !

AGATHE. Ne te gêne pas pour moi. Le mur mycénien est solide.

LE PRÉSIDENT. Il est jeune ? Il est vieux ?

AGATHE. L'âge de l'amant. Cela va de seize à quatre-vingts.

LE PRÉSIDENT. Et elle croit me rabaisser en m'insultant !
2490 Tes injures n'atteignent que toi, femme perdue !

AGATHE. Je sais. Je sais. L'outrage appelle la majesté. Dans la rue les plus dignes sont ceux qui viennent de glisser sur du crottin.

LE PRÉSIDENT. Tu vas enfin me connaître ! Quels qu'ils

soient, tes amants, le premier que je vais rencontrer ici, je le tue.

AGATHE. Le premier que tu rencontres ici ? Tu choisis mal tes endroits. Tu ne pourras même pas le regarder en face.

LE PRÉSIDENT. Je l'oblige à s'agenouiller, je lui fais baiser
2501 et lécher le marbre.

AGATHE. Tu vas voir comment il le baise et le lèche, le marbre, tout à l'heure, quand il entrera dans cette cour et viendra s'asseoir sur ce trône.

LE PRÉSIDENT. Que dis-tu, misérable ?

AGATHE. Je dis que j'ai présentement deux amants, et que l'un des deux c'est Égisthe.

CLYTEMNESTRE. Menteuse !

AGATHE. Comment, elle aussi !

ÉLECTRE. Toi aussi, mère ?

LE MENDIANT. C'est curieux. Moi, j'aurais plutôt cru que
2512 si Égisthe se sentait un penchant, c'était pour Électre.

L'ÉCUYER, *annonçant.* Égisthe !

ÉLECTRE. Enfin !

LES EUMÉNIDES. Égisthe !

> *Égisthe paraît. Infiniment plus majestueux et serein qu'au premier acte. Très haut, un oiseau plane au-dessus de lui.*

Scène 7

**LE MENDIANT, ÉLECTRE, CLYTEMNESTRE,
AGATHE, LE PRÉSIDENT, L'ÉCUYER,
LES EUMÉNIDES, ÉGISTHE,
LE CAPITAINE, SOLDATS**

ÉGISTHE. Électre est là... Merci, Électre ! Je m'installe ici, capitaine. Le quartier général est ici.

CLYTEMNESTRE. Moi aussi, je suis là.

ÉGISTHE. Je m'en réjouis. Salut, reine !

LE PRÉSIDENT. Et moi aussi, Égisthe !

ÉGISTHE. Parfait, président. J'ai justement besoin de tes
2522 services.

LE PRÉSIDENT. En plus il nous insulte !

ÉGISTHE. Qu'avez-vous, tous et toutes, à me regarder ainsi ?

LE MENDIANT. Elles ont que la reine attend un parjure, Électre un impie, Agathe un infidèle. Lui est plus modeste, il attend celui qui caresse sa femme... On vous attend, quoi ! Et ce n'est pas vous qui venez !

ÉGISTHE. Ils n'ont vraiment pas de chance, n'est-ce pas,
2531 mendiant ?

LE MENDIANT. Non, ils n'ont pas de chance. Attendre tant de vauriens, et voir entrer un roi ! Pour les autres, cela m'est égal. Mais pour cette petite Électre, cela va compliquer les choses.

ÉGISTHE. Crois-tu ? Je crois que non.

LE MENDIANT. Je savais que cela arriverait ! Je vous l'ai dit hier. Je sentais que le roi allait se déclarer en vous ! Il y avait votre force, votre âge. Il y avait l'occasion. Il y

2540 avait le voisinage d'Électre. Cela aurait pu être un coup
de sang ! Cela a été ça... Vous vous êtes déclaré !... Tant
mieux pour la Grèce. Mais ça n'en est pas plus gai pour
la famille.

CLYTEMNESTRE. Quelles sont ces énigmes ? De quoi parlez-vous ?

LE MENDIANT. Tant mieux pour nous aussi ! Puisqu'il
doit y avoir un bras-le-corps, autant le bras-le-corps
d'Électre avec la noblesse qu'avec la turpitude ! Comment cela vous est-il arrivé, Égisthe ?

ÉGISTHE, *contemplant Électre.* Électre est là ! Je savais que
2551 j'allais la trouver ainsi, avec sa tête de statue, ses yeux
qui ne semblent voir que si les paupières sont baissées,
sourde pour le langage humain !

CLYTEMNESTRE. Écoutez-moi, Égisthe !

LE PRÉSIDENT. Tu choisis bien tes amants, Agathe !
Quelle effronterie !

LE CAPITAINE. Égisthe, le temps presse !

ÉGISTHE. Ce sont des ornements, n'est-ce pas, Électre, tes
oreilles ? De purs ornements... Les dieux se sont dit :
2560 Puisque nous lui avons donné des mains pour qu'elle ne
touche pas, des yeux pour qu'elle soit vue, on ne peut
non plus laisser la tête d'Électre sans oreilles ! On verrait
trop qu'elle n'entend que nous !... Mais dis-moi ce que
l'on entend, quand on pose l'oreille contre elles ! Quel
bruissement ! Qui vient d'où ?

CLYTEMNESTRE. Êtes-vous fou ? Prenez garde ! Elles vous
entendent, les oreilles d'Électre.

LE PRÉSIDENT. Elles en rougissent !

ÉGISTHE. Elles m'entendent. J'en suis bien convaincu. De-
2570 puis ce qui m'est arrivé, tout à l'heure, à la lisière de ce
bois d'où l'on voit Argos, ma parole vient d'au-delà de
moi. Et je sais qu'elle me voit aussi, qu'elle est seule à

me voir. Seule elle a deviné ce que je suis depuis cette minute.

CLYTEMNESTRE. Vous parlez à votre pire ennemie, Égisthe !

ÉGISTHE. Elle sait pourquoi de cette montagne, j'ai soudain piqué des deux vers la ville ! On eût dit que mon cheval comprenait, Électre. C'est beau, un alezan clair char- geant vers Électre, suivi du tonnerre de l'escadron où la conscience de charger vers Électre allait diminuant, des étalons blancs des trompettes aux juments pie des serre- file. Ne t'étonne pas s'il passe la tête tout à l'heure à travers les colonnes, hennissant vers toi ! Il comprenait que j'étouffais, que j'avais ton nom sur ma bouche comme un tampon d'or. Il fallait que je crie ton nom, et à toi-même... Je le crie, Électre ?

CLYTEMNESTRE. Cessez ce scandale, Égisthe !

LE CAPITAINE. Égisthe, la ville est en péril !

ÉGISTHE. C'est vrai. Excusez-moi !... Où en sont-ils main- tenant, capitaine ?

LE CAPITAINE. On voit leurs lances émerger des collines. Jamais moisson n'a poussé aussi vite. Et aussi drue. Ils sont des milliers.

ÉGISTHE. La cavalerie n'a rien pu contre eux ?

LE CAPITAINE. Elle s'est rabattue avec des prisonniers.

CLYTEMNESTRE. Que se passe-t-il, Égisthe ?

LE CAPITAINE. Les Corinthiens nous envahissent, sans déclaration de guerre, sans raison. Ils ont pénétré la nuit dans notre territoire par bandes. Déjà les faubourgs brû- lent.

ÉGISTHE. Que disent les prisonniers ?

LE CAPITAINE. Qu'ils ont l'ordre de ne laisser d'Argos que pierre sur pierre.

CLYTEMNESTRE. Montrez-vous, Égisthe, et ils fuient !

ÉGISTHE. J'ai peur que cela ne suffise plus, reine.

LE CAPITAINE. Ils ont des complices dans la ville. On
vient de voler les tonneaux de poix en réserve, pour
incendier les quartiers bourgeois. Des hordes de men-
2610 diants s'assemblent autour des halles, prêts à piller.

CLYTEMNESTRE. Si la garde est fidèle, qu'y a-t-il à craindre ?

LE CAPITAINE. La garde est prête à se battre. Mais elle
murmure. Vous le savez : elle n'a jamais obéi de bon
cœur à une femme. Comme la ville, d'ailleurs. Si
l'armée s'appelle l'armée et la ville la ville, il faut bien le
dire : c'est qu'elles sont des femmes. Toutes deux récla-
ment un homme, un roi.

ÉGISTHE. Elles ont raison. Elles vont l'avoir.

LE PRÉSIDENT. Celui qui voudra être roi d'Argos devra
2621 d'abord tuer Clytemnestre, Égisthe.

LE MENDIANT. Ou l'épouser, simplement.

LE PRÉSIDENT. Jamais !

ÉGISTHE. Pourquoi jamais ? La reine ne niera pas que c'est
le seul moyen de sauver Argos. Je ne doute pas de son
assentiment. Capitaine, annonce à la garde que le mariage est célébré, à l'instant même. Qu'on me tienne au
courant chaque minute. J'attends ici les messages. Quant
à toi, président, cours au-devant des émeutiers, et, de ta
2630 voix la plus enthousiaste, fais-leur part de la nouvelle.

LE PRÉSIDENT. Jamais ! J'ai d'abord un mot à vous dire
d'homme à homme, toutes affaires cessantes.

ÉGISTHE. Les affaires d'Argos cessantes, la guerre ces-
sante ? Tu vas fort !

LE PRÉSIDENT. Il s'agit de mon honneur, de l'honneur des
juges grecs.

LE MENDIANT. Si la justice grecque a cru devoir loger son honneur dans les jambes d'Agathe, elle n'a que ce qu'elle mérite. Ne nous encombre pas en un moment pareil !

2640 Regarde-la, Agathe, si elle se soucie de l'honneur des juges grecs, avec son nez levé !

LE PRÉSIDENT. Son nez levé ! Tu as le nez levé en un moment pareil, Agathe ?

AGATHE. J'ai le nez levé. Je regarde cet oiseau qui plane au-dessus d'Égisthe.

LE PRÉSIDENT. Baisse-le.

ÉGISTHE. J'attends votre réponse, reine.

CLYTEMNESTRE. Un oiseau ? Quel est cet oiseau ? Ôtez-vous de dessous cet oiseau, Égisthe !

ÉGISTHE. Pourquoi ? Il ne me quitte plus depuis le lever du

2651 soleil. Il doit avoir ses raisons ! Mon cheval le premier l'a senti. Il ruait sans raison. J'ai regardé partout, et enfin là-haut. Il ruait contre cet oiseau à mille pieds. Juste au-dessus de moi, n'est-ce pas, mendiant ?

LE MENDIANT. Juste au-dessus. Si vous aviez mille pieds, c'est là que serait votre tête.

ÉGISTHE. Comme un accent, n'est-ce pas, un accent au-dessus d'une lettre ?

LE MENDIANT. Oui, vous êtes présentement l'homme le

2660 mieux accentué de Grèce. Il s'agit de savoir si l'accent est sur le mot « humain » ou sur le mot « mortel ».

CLYTEMNESTRE. Je n'aime pas ces oiseaux planeurs. Qu'est-ce que c'est ? Un milan, un aigle ?

LE MENDIANT. Il est trop haut. Je pourrais le reconnaître à l'ombre. Mais de si haut, elle n'arrive pas jusqu'à nous, elle se perd.

LE CAPITAINE, *revenant*. La garde se réjouit, Égisthe ! Elle se prépare au combat avec joie. Elle attend que vous

paraissiez au balcon, avec la reine, pour vous accla-
2670 mer.

ÉGISTHE. Mon serment, et je viens !

LE PRÉSIDENT. Électre, aidez-moi ! De quel droit ce
débauché vient-il nous donner des leçons de courage !

LE MENDIANT. De quel droit ? Écoute !...

ÉGISTHE. Ô puissances du monde, puisque je dois vous
invoquer, à l'aube de ce mariage et de cette bataille,
merci pour ce don que vous m'avez fait, tout à l'heure,
de la colline qui surplombe Argos, à la seconde où le
brouillard s'est évanoui. J'étais descendu de cheval, fati-
2680 gué des patrouilles de la nuit, j'étais adossé au talus, et
soudain vous m'avez montré Argos, comme je ne l'avais
jamais vue, neuve, recréée pour moi, et me l'avez donnée. Vous me l'avez donnée toute, ses tours, ses ponts,
les fumées qui montaient des silos des maraîchers, première haleine de sa terre, et le pigeon qui s'éleva, son
premier geste, et le grincement de ses écluses, son premier cri. Et tout dans ce don était de valeur égale, Électre, le soleil levant sur Argos et la dernière lanterne dans
Argos, le temple et les masures, le lac et les tanneries. Et
2690 c'était pour toujours !... Pour toujours j'ai reçu ce matin
ma ville comme une mère son enfant. Et je me demandais avec angoisse si le don n'était pas plus large, si l'on
ne m'avait pas donné beaucoup plus qu'Argos. Dieu au
matin ne mesure pas ses cadeaux : il pouvait aussi bien
m'avoir donné le monde. C'eût été affreux. C'eût été
pour moi le désespoir de celui qui, pour sa fête, attend
un diamant et auquel on donne le soleil. Tu vois mon
inquiétude, Électre ! Je hasardais anxieusement mon
pied et ma pensée au-delà des limites d'Argos. Ô bon-
2700 heur ! On ne m'avait pas donné l'Orient : les pestes, les
tremblements de terre, les famines de l'Orient, je les
apprenais avec un sourire. Ma soif n'était pas de celles
qui s'étanchent aux fleuves tièdes et géants coulant dans

le désert entre des lèvres vertes, mais, j'en fis l'épreuve aussitôt, à la goutte unique d'une source de glace. Ni l'Afrique! Rien de l'Afrique n'est à moi. Les négresses peuvent piler le millet au seuil des cases, le jaguar enfoncer ses griffes dans le flanc du crocodile, pas un grain de leur bouillie, pas une goutte de leur sang n'est à 2710 moi. Et je suis aussi heureux des dons qu'on ne m'a pas faits que du don d'Argos. Dans un accès de largesse, Dieu ne m'a donné ni Athènes, ni Olympie, ni Mycènes. Quelle joie! On m'a donné la place aux bestiaux d'Argos et non les trésors de Corinthe, le nez court des filles d'Argos et non le nez de leur Pallas[1], le pruneau ridé d'Argos et non la figue d'or de Thèbes! Voilà ce qu'on m'a donné ce matin, à moi le jouisseur, le parasite, le fourbe, un pays où je me sens pur, fort, parfait, une patrie, et cette patrie dont j'étais prêt à fournir désor-2720 mais l'esclave, dont tout à coup me voilà roi, je jure de vivre, de mourir — entends-tu, juge —, mais de la sauver.

LE PRÉSIDENT. Je ne compte plus que sur vous, Électre!

ÉLECTRE. Compte sur moi. On n'a le droit de sauver une patrie qu'avec des mains pures.

LE MENDIANT. Le sacre purifie tout.

ÉLECTRE. Qui vous a sacré? A quoi se reconnaît votre 2729 sacre?

LE MENDIANT. Tu ne le devines pas? A ce qu'il vient le réclamer de toi! Pour la première fois il te voit dans ta vérité et dans ta puissance. S'il a de cette montagne foncé vers la ville, c'est que soudain l'idée lui est venue que dans ce cadeau d'Argos, Électre était comprise!

ÉGISTHE. Tout me sacrait sur mon passage, Électre! A travers mon galop, j'entendais les arbres, les enfants, les

torrents me crier que j'étais roi. Mais il manquait l'huile sainte. Chaque cadeau de sacre m'était tendu par celui-là même qui le contenait le moins. Hier, j'étais lâche.
2740 Un lièvre, de ses oreilles tremblantes qui dépassaient le sillon, m'a tout à l'heure donné le courage. J'étais l'hypocrisie. Un renard a croisé le chemin, l'œil faux, et j'ai reçu la franchise. Et le couple inséparable des deux pies m'a donné l'indépendance, et la fourmilière la générosité. Si je me suis hâté vers toi, Électre, c'est que tu es le seul être qui puisse me donner sa propre essence.

ÉLECTRE. Laquelle ?

ÉGISTHE. J'ai l'impression que c'est quelque chose comme
2749 le devoir.

ÉLECTRE. Mon devoir est sûrement l'ennemi mortel du vôtre. Vous n'épouserez pas Clytemnestre.

LE PRÉSIDENT. Vous ne l'épouserez pas !

CLYTEMNESTRE. Et pourquoi ne nous marierions-nous pas ? Pourquoi sacrifierions-nous notre vie à des enfants ingrats ? Oui, j'aime Égisthe. Depuis dix ans, j'aime Égisthe. Depuis dix ans je remets ce mariage par égard pour toi, Électre, et pour le souvenir de ton père. Tu nous y contrains. Merci... Pas sous l'oiseau. Cet oiseau
2759 m'agace. Mais dès que l'oiseau sera parti, je consens.

ÉGISTHE. Ne vous donnez pas tant de peine, reine. Je ne vous épouse pas pour accumuler de nouveaux mensonges. Je ne sais si je vous aime encore, et la ville entière doute que vous m'ayez jamais aimé. Depuis dix ans notre liaison se traîne entre l'indifférence et l'oubli. Mais ce mariage est la seule façon de rejeter un peu de vérité dans le mensonge passé, et il est la sauvegarde d'Argos. Il aura lieu dans l'heure même.

ÉLECTRE. Je ne crois pas qu'il aura lieu.

LE PRÉSIDENT. Bravo !

ÉGISTHE. Vas-tu enfin te taire ! Qui es-tu, dans Argos ?
2771 Mari trompé ou chef de justice ?

LE PRÉSIDENT. Les deux, sans conteste.

ÉGISTHE. Alors choisis. Moi je n'ai pas le choix. Choisis
entre le devoir ou la prison. Le temps presse.

LE PRÉSIDENT. Vous m'avez pris Agathe !

ÉGISTHE. Je ne suis plus celui qui t'a pris Agathe.

LE PRÉSIDENT. Les maris trompés d'Argos, on ne vous les
a pas donnés ce matin ?

LE MENDIANT. Si. Mais il n'est plus celui qui les a trom-
2780 pés.

LE PRÉSIDENT. Je comprends ! Je comprends que le nouveau roi oublie les outrages qu'il a infligés comme
régent !

LE MENDIANT. Elle est toute rose, Agathe. Ce sont en tout
cas des outrages qui rendent rose !

ÉGISTHE. Un roi te demande aujourd'hui pardon de l'insulte que t'a faite hier un débauché. Cela peut te suffire.
Écoute mes ordres. Hâte-toi vers ton tribunal. Juge les
émeutiers et sois implacable.

AGATHE. Sois implacable. J'ai un petit amant parmi
2791 eux.

LE PRÉSIDENT. Toi, cesse de regarder cet oiseau, tu m'aga-
ces !

AGATHE. Je regrette. C'est la seule chose au monde qui
m'intéresse.

LE PRÉSIDENT. Que vas-tu faire, idiote, quand il aura dis-
paru !

AGATHE. C'est ce que je me demande.

ÉGISTHE. Te moques-tu de moi, président ! N'entends-tu
2800 pas ces clameurs ?

LE PRÉSIDENT. Je ne partirai pas ! J'aiderai Électre à empêcher votre mariage !

ÉLECTRE. Je n'ai plus besoin de votre aide, président.
  Votre rôle est fini depuis qu'Agathe m'a donné la clef de
  tout. Merci, Agathe !

CLYTEMNESTRE. Quelle clef ?

ÉGISTHE. Venez, reine.

CLYTEMNESTRE. Quelle clef t'a-t-elle donnée ? Quelle
  2809 nouvelle querelle cherches-tu encore ?

ÉLECTRE. Tu haïssais mon père ! Ah ! Que tout devient
  clair à la lampe d'Agathe.

CLYTEMNESTRE. Voilà qu'elle recommence, Égisthe. Pro-
  tégez-moi !

ÉLECTRE. Comme tu l'enviais, Agathe, tout à l'heure. Pouvoir crier sa haine au mari que l'on hait, quelle volupté !
  Elle t'a été refusée, mère. Jamais de ta vie tu ne l'auras.
  Jusqu'au jour de sa mort il aura cru que tu l'admirais,
  que tu l'adorais ! Souvent, en plein banquet, en pleine
  cérémonie, je vois ton visage qui fige, tes lèvres qui
  2820 remuent sans paroles : c'est que tu es prise de l'envie de
  crier que tu le haïssais, n'est-ce pas, aux passants, aux
  convives, à la servante qui te verse le vin, au policier
  qui surveille les voleurs de vaisselle. Pauvre mère, tu
  n'as jamais pu aller seule dans la campagne et le crier
  aux roseaux. Tous les roseaux racontent que tu l'ado-
  res[1] !

CLYTEMNESTRE. Écoute, Électre !

ÉLECTRE. C'est cela, mère, crie-le-moi ! S'il n'est plus là, je
  suis sa remplaçante. Crie-le-moi ! Cela te sera aussi
  2830 doux que le crier à lui-même. Tu ne vas quand même
  pas mourir sans crier que tu le haïssais !

CLYTEMNESTRE. Venez, Égisthe !... Tant pis pour l'oiseau !...

ÉLECTRE. Fais un pas, mère, et j'appelle.

ÉGISTHE. Qui peux-tu appeler, Électre ! Est-il un être au monde pour nous enlever le droit de sauver notre ville ?

ÉLECTRE. Notre ville d'hypocrisie, de corruption ! Il en est des milliers. Le plus pur, le plus beau, le plus jeune est 2840 là, dans cette cour. Si Clytemnestre fait un pas, je l'appelle.

CLYTEMNESTRE. Venez, Égisthe !

ÉLECTRE. Oreste ! Oreste !

Les Euménides surgissent et barrent la route à Élec-tre.

PREMIÈRE EUMÉNIDE. Pauvre fille ! Tu es simple ! Ainsi tu imaginais que nous allions laisser Oreste errer autour de nous, une épée à la main. Les accidents arrivent trop vite dans ce palais. Nous l'avons enchaîné et bâil-2848 lonné.

ÉLECTRE. Ce n'est pas vrai ! Oreste ! Oreste !

DEUXIÈME EUMÉNIDE. Toi aussi tu vas l'être.

ÉGISTHE. Électre, chère Électre, écoute-moi ! Je veux te convaincre.

CLYTEMNESTRE. Quel temps précieux perdez-vous, Égis-the !

ÉGISTHE. Je viens ! Électre, je sais que toi seule comprends qui je suis aujourd'hui. Aide-moi ! Laisse-moi te dire pourquoi tu dois m'aider !

CLYTEMNESTRE. Mais enfin quelle est cette rage d'expli-cations et de querelles ! Il n'y a pas d'êtres humains, 2860 dans cette cour, mais des coqs. Va-t-il falloir nous expli-quer jusqu'au sang, en nous crevant les yeux ? Faut-il nous faire emporter tous trois de force, pour que nous arrivions à nous séparer ?

LE PRÉSIDENT. Je crois que c'est le seul moyen, reine !

LE CAPITAINE. Je vous en supplie, Égisthe ! Hâtez-vous.

LE MENDIANT. Est-ce que tu n'entends pas ? Égisthe n'a
plus qu'à régler pour les siècles l'affaire Agamemnon-
Électre-Clytemnestre, et il vient.

LE CAPITAINE. Cinq minutes, et c'est trop tard.

LE MENDIANT. Chacun va y mettre du sien. Elle sera
2871 réglée dans cinq minutes.

ÉGISTHE. Emmenez cet homme.

> *Les gardes emmènent le président. Tous les assistants
> disparaissent. Silence.*

ÉGISTHE. Alors, Électre, que veux-tu ?

Scène 8

LE MENDIANT, ÉLECTRE, CLYTEMNESTRE,
ÉGISTHE, *puis* UN MESSAGER

ÉLECTRE. Ce n'est pas qu'elle est en retard, Égisthe. C'est
qu'elle ne viendra pas.

ÉGISTHE. De qui parles-tu ?

ÉLECTRE. De celle que vous attendez malgré vous. De la
messagère des dieux. Si le règlement divin est un Égisthe
absous par l'amour de sa ville, épousant Clytemnestre
2880 par mépris du mensonge et pour sauver bourgeoisie et
châteaux, c'est le moment où elle devrait se poser entre
vous deux, avec ses brevets et ses palmes. Elle ne viendra pas.

ÉGISTHE. Tu sais qu'elle est venue. Le rayon de ce matin
sur ma tête, c'était elle.

ÉLECTRE. C'était un rayon du matin. Tout enfant teigneux que touche un rayon au matin se croit roi.

ÉGISTHE. Tu doutes de ma franchise !

ÉLECTRE. Hélas ! Je n'en doute pas ! A votre franchise je
2890 reconnais l'hypocrisie des dieux, leur malice. Ils ont changé le parasite en juste, l'adultère en mari, l'usurpateur en roi ! Ils n'ont pas trouvé ma tâche assez pénible. De vous que je méprisais, voilà qu'ils font un bloc d'honneur. Mais il est une mue qui échoue dans leurs mains, celle qui change le criminel en innocent. Sur ce point, ils me cèdent.

ÉGISTHE. Je ne sais ce que tu veux dire.

ÉLECTRE. Vous le savez encore un tout petit peu. Prêtez l'oreille, au-dessous de votre grandeur d'âme. Vous en-
2900 tendrez.

ÉGISTHE. Qui me dira de quoi tu parles ?

CLYTEMNESTRE. De qui peut-elle parler ? De quoi a-t-elle jamais parlé dans sa vie ! De ce qu'elle ne connaît pas. D'un père qu'elle ne connaît même pas.

ÉLECTRE. Moi, je ne connais pas mon père ?

CLYTEMNESTRE. D'un père que, depuis l'âge de cinq ans elle n'a ni vu ni touché !

ÉLECTRE. Moi, je n'ai pas touché mon père ?

CLYTEMNESTRE. Tu as touché un cadavre, une glace qui
2910 avait été ton père. Ton père, non !

ÉGISTHE. Je vous en prie, Clytemnestre. Qu'allez-vous discuter en une heure pareille !

CLYTEMNESTRE. Chacun son tour de discuter. Cette fois c'est moi.

ÉLECTRE. Pour une fois tu as raison. C'est là la vraie discussion. De qui me viendrait ma force, de qui me viendrait ma vérité, si je n'avais pas touché mon père vivant ?

CLYTEMNESTRE. Justement. Aussi tu divagues. Je me 2920 demande même si tu l'as jamais embrassé. Je veillais à ce qu'il ne lèche pas mes enfants.

ÉLECTRE. Moi, je n'ai pas embrassé mon père !

CLYTEMNESTRE. Le corps déjà froid de ton père, si tu veux. Ton père, non !

ÉGISTHE. Je vous en conjure !

ÉLECTRE. Ah ! Je vois pourquoi tu étais si sûre en face de moi. Tu croyais que j'étais sans armes, tu croyais que je n'avais jamais touché mon père. Quelle erreur !

CLYTEMNESTRE. Tu mens.

ÉLECTRE. Le jour de son retour, sur l'escalier du palais, 2931 vous l'avez attendu tous deux une minute de trop, n'est-ce pas ?

CLYTEMNESTRE. Comment le sais-tu, tu n'étais pas là ?

ÉLECTRE. C'est moi qui l'ai retenu. J'étais dans ses bras.

ÉGISTHE. Écoute-moi, Électre.

ÉLECTRE. J'avais attendu dans la foule, mère. Je me suis précipitée vers lui. Le cortège était pris de panique. On croyait à un attentat. Mais lui m'a devinée, il m'a souri. Il a compris que c'était l'attentat d'Électre. Père coura-2940 geux, il s'est offert tout entier ! Et je l'ai touché.

CLYTEMNESTRE. Tu as touché ses jambières, son cheval ! Du cuir et du poil !

ÉLECTRE. Il est descendu, mère. Je l'ai touché aux mains avec ces doigts, je l'ai touché aux lèvres avec ces lèvres. J'ai touché une peau que toi tu n'as pas touchée, épurée de toi par dix ans d'absence.

ÉGISTHE. Il suffit ! Elle te croit !

François Chaumette et Geneviève Casile. Mise en scène de Pierre Dux (Comédie-Française, 1971).

ÉLECTRE. De ma joue contre sa joue, j'ai appris la chaleur
de mon père. Parfois, l'été, le monde entier a juste la
2950 tiédeur de mon père. J'en défaille. Et je l'ai étreint de ces
bras. Je croyais prendre la mesure de mon amour, c'était
aussi celle de ma vengeance. Puis il s'est dégagé ; il est
remonté à cheval, plus souple encore, plus étincelant.
L'attentat d'Électre était fini ! Il en était plus vivant,
plus doré ! Et j'ai couru vers le palais pour le revoir,
mais déjà je ne courais plus vers lui, je courais vers
vous, vers ses assassins !

ÉGISTHE. Reviens à toi, Électre.

ÉLECTRE. Je peux être essoufflée. J'arrive.

CLYTEMNESTRE. Débarrassez-nous de cette fille, Égisthe.
2961 Qu'on la redonne au jardinier ! Qu'on la jette près de
son frère !

ÉGISTHE. Arrête, Électre ! Ainsi donc, au moment même
où je te vois, où je t'aime, où je suis tout ce qui peut
s'entendre avec toi, le mépris des injures, le courage, le
désintéressement, tu persistes à engager la lutte ?

ÉLECTRE. Je n'ai que ce moment.

ÉGISTHE. Tu reconnais qu'Argos est en péril ?

ÉLECTRE. Nous différons sur les périls.

ÉGISTHE. Tu reconnais que si j'épouse Clytemnestre, la
2971 ville se tait, les Atrides se sauvent. Sinon, c'est l'émeute,
c'est l'incendie ?

ÉLECTRE. C'est très possible.

ÉGISTHE. Tu reconnais que seul je puis défendre Argos
contre ces Corinthiens qui arrivent déjà aux portes de la
ville ? Sinon, c'est le pillage, le massacre ?

ÉLECTRE. Oui. Vous seriez vainqueur.

ÉGISTHE. Et tu t'obstines ! Et tu me ruines dans ma tâche !
Et tu sacrifies à je ne sais quel songe ta famille, ta
2980 patrie ?

ÉLECTRE. Vous vous moquez de moi, Égisthe ! Vous qui
prétendez me connaître, vous me croyez de la race à
laquelle on peut dire : Si tu mens, et laisses mentir, tu
auras une patrie prospère ? Si tu caches les crimes, ta
patrie sera victorieuse ? Quelle est cette pauvre patrie
que vous glissez tout à coup entre la vérité et nous !

ÉGISTHE. La tienne, Argos.

ÉLECTRE. Vous tombez mal, Égisthe. A moi aussi, ce matin, à l'heure où l'on vous donnait Argos, il m'a été fait
2990 un don. Je l'attendais, il m'était promis, mais je com-
prenais mal encore ce qu'il devait être. Déjà on m'avait
donné mille cadeaux, qui me semblaient dépareillés,
dont je ne parvenais pas à démêler le cousinage, mais
cette nuit près d'Oreste endormi, j'ai vu que c'était le
même don. On m'avait donné le dos d'un haleur, tirant
sur sa péniche, on m'avait donné le sourire d'une laveuse, soudain figée dans son travail, les yeux sur la rivière.
On m'avait donné un gros petit enfant tout nu, traver-
sant en courant la rue sous les cris de sa mère et des
3000 voisines ; et le cri de l'oiseau pris que l'on relâche ; et
celui du maçon que je vis tomber un jour de l'échafau-
dage, les jambes en équerre. On m'avait donné la plante
d'eau qui résiste contre le courant, qui lutte, qui suc-
combe, et le jeune homme malade qui tousse, qui sourit
et qui tousse, et les joues de ma servante, quand elles se
gonflent tous les matins d'hiver pour aviver la cendre de
mon feu, au moment où elles s'empourprent. Et j'ai cru
moi aussi que l'on me donnait Argos, tout ce qui dans
Argos était modeste, tendre, et beau, et misérable ; mais
3010 tout à l'heure, j'ai su que non. J'ai su que l'on m'a
donné toutes les pommettes des servantes, qu'elles souf-
flent sur le bois ou le charbon, et tous les yeux des
laveuses, qu'ils soient ronds ou en amande, et tous les
oiseaux volant, et tous les maçons tombant, et toutes les
plantes d'eau qui s'abandonnent et se reprennent dans

les ruisseaux ou dans les mers. Argos n'était qu'un point
dans cet univers, ma patrie une bourgade dans cette
patrie. Tous les rayons et tous les éclats dans les visages
mélancoliques, toutes les rides et les ombres dans les
3020 visages joyeux, tous les désirs et les désespoirs dans les
visages indifférents, c'est cela mon nouveau pays. Et
c'est ce matin, à l'aube, quand on vous donnait Argos et
ses frontières étroites, que je l'ai vu aussi immense et
que j'ai entendu son nom, un nom qui ne se prononce
pas, mais qui est à la fois la tendresse et la justice[1].

CLYTEMNESTRE. Voilà la devise d'Électre : la tendresse !
Cela suffit ! Partons !

ÉGISTHE. Et cette justice qui te fait brûler ta ville, con-
damner ta race, tu oses dire qu'elle est la justice des
3030 dieux ?

ÉLECTRE. Je m'en garde. Dans ce pays qui est le mien on
ne s'en remet pas aux dieux du soin de la justice. Les
dieux ne sont que des artistes. Une belle lueur sur un
incendie, un beau gazon sur un champ de bataille, voilà
pour eux la justice. Un splendide repentir sur un crime,
voilà le verdict que les dieux avaient rendu dans votre
cas. Je ne l'accepte pas.

ÉGISTHE. La justice d'Électre consiste à ressasser toute
3039 faute, à rendre tout acte irréparable ?

ÉLECTRE. Oh ! non. Il est des années où le gel est la justice
pour les arbres, et d'autres l'injustice. Il est des forçats
que l'on aime, des assassins que l'on caresse. Mais
quand le crime porte atteinte à la dignité humaine,
infeste un peuple, pourrit sa loyauté, il n'est pas de pardon.

ÉGISTHE. Sais-tu même ce qu'est un peuple, Électre !

ÉLECTRE. Quand vous voyez un immense visage emplir
l'horizon et vous regarder bien en face, d'yeux intrépides
3049 et purs, c'est cela un peuple.

ÉGISTHE. Tu parles en jeune fille, non en roi. C'est un immense corps à régir, à nourrir.

ÉLECTRE. Je parle en femme. C'est un regard étincelant, à filtrer, à dorer. Mais il n'a qu'un phosphore, la vérité. C'est ce qu'il y a de si beau, quand vous pensez aux vrais peuples du monde, ces énormes prunelles de vérité.

ÉGISTHE. Il est des vérités qui peuvent tuer un peuple, Électre.

ÉLECTRE. Il est des regards de peuple mort qui pour tou-
3060 jours étincellent. Plût au ciel que ce fût le sort d'Argos ! Mais, depuis la mort de mon père, depuis que le bonheur de notre ville est fondé sur l'injustice et le forfait, depuis que chacun, par lâcheté, s'y est fait le complice du meurtre et du mensonge, elle peut être prospère, elle peut chanter, danser et vaincre, le ciel peut éclater sur elle, c'est une cave où les yeux sont inutiles. Les enfants qui naissent sucent le sein en aveugles.

ÉGISTHE. Un scandale ne peut que l'achever.

ÉLECTRE. C'est possible. Mais je ne veux plus voir ce
3070 regard terne et veule dans son œil.

ÉGISTHE. Cela va coûter des milliers d'yeux glacés, de pru-nelles éteintes.

ÉLECTRE. C'est le prix courant. Ce n'est pas trop cher.

ÉGISTHE. Il me faut cette journée. Donne-la-moi. Ta vérité, si elle l'est, trouvera toujours le moyen d'éclater un jour mieux fait pour elle.

ÉLECTRE. L'émeute est le jour fait pour elle.

ÉGISTHE. Je t'en supplie. Attends demain.

ÉLECTRE. Non. C'est aujourd'hui son jour. J'ai déjà trop
3080 vu de vérités se flétrir parce qu'elles ont tardé une seconde. Je les connais, les jeunes filles qui ont tardé une seconde à dire non à ce qui était laid, non à ce qui

était vil, et qui n'ont plus su leur répondre ensuite que par oui et par oui. C'est là ce qui est si beau et si dur dans la vérité, elle est éternelle mais ce n'est qu'un éclair.

ÉGISTHE. J'ai à sauver la ville, la Grèce.

ÉLECTRE. C'est un petit devoir. Je sauve leur regard...
3089 Vous l'avez assassiné, n'est-ce pas ?

CLYTEMNESTRE. Qu'oses-tu dire, fille ! Tout le monde sait que ton père a glissé sur le dallage !

ÉLECTRE. Le monde le sait parce que vous l'avez raconté.

CLYTEMNESTRE. Il a glissé, folle, puisqu'il est tombé.

ÉLECTRE. Il n'a pas glissé. Pour une raison évidente, éclatante. Parce que mon père ne glissait jamais !

CLYTEMNESTRE. Qu'en sais-tu ?

ÉLECTRE. Depuis huit ans j'interroge les écuyers, les servantes, ceux qui l'escortaient les jours de pluie, de grêle.
3100 Jamais il n'a glissé.

CLYTEMNESTRE. La guerre avait passé sur cette légèreté.

ÉLECTRE. J'ai questionné ses compagnons de guerre. Il a franchi le Scamandre sans glisser. Il a pris d'assaut les remparts sans glisser. Il ne glissait ni dans l'eau ni dans le sang.

CLYTEMNESTRE. Il se hâtait ce jour-là. Tu l'avais mis en retard.

ÉLECTRE. C'est moi la coupable, n'est-ce pas ? Voilà la
3110 vérité, d'après Clytemnestre. C'est votre avis aussi, Égisthe ? Le meurtrier d'Agamemnon, c'est Électre !

CLYTEMNESTRE. Les servantes avaient trop savonné les dalles. Je le sais. J'ai manqué glisser moi aussi.

ÉLECTRE. Ah ! Tu étais dans la piscine, mère ? Qui t'a retenue ?

CLYTEMNESTRE. Pourquoi n'y aurais-je pas été ?

ÉLECTRE. Avec Égisthe, sans doute ?

CLYTEMNESTRE. Avec Égisthe. Et nous n'étions pas seuls.
3119 Il y avait Léon, mon conseiller. N'est-ce pas, Égisthe ?

ÉLECTRE. Léon qui est mort le lendemain ?

CLYTEMNESTRE. Est-il mort le lendemain ?

ÉLECTRE. Oui. Léon aussi a glissé. Il était étendu dans son lit, et au matin on l'a trouvé mort. Il a trouvé le moyen de glisser dans la mort, en plein sommeil, sans bouger, sans glisser. Tu l'avais fait tuer, n'est-ce pas ?

CLYTEMNESTRE. Mais défendez-moi donc, Égisthe ! Je vous crie au secours !

ÉLECTRE. Il ne peut rien pour toi. Tu en es au point où
3129 l'on doit se défendre soi-même.

CLYTEMNESTRE. Ô mon Dieu, en être amenée là ! Une mère, une reine !

ÉLECTRE. Où, là ? Apprends-nous comment s'appelle cela, où tu es amenée ?

CLYTEMNESTRE. Par cette fille sans cœur, sans joie ! Ah ! heureusement que ma petite Chrysothémis aime les fleurs !

ÉLECTRE. Je ne les aime pas, les fleurs ?

CLYTEMNESTRE. En être là ! Par ce couloir imbécile qu'est la vie, en être arrivée là ! Moi qui jeune fille n'aimais
3140 que le calme, que soigner mes bêtes, rire aux repas, coudre... J'étais si douce, Égisthe ! Je vous jure que j'étais la plus douce. Il y a encore dans ma ville natale des vieillards pour qui la douceur, c'est Clytemnestre !

ÉLECTRE. S'ils meurent aujourd'hui, ils n'auront pas à changer leur symbole. S'ils meurent ce matin.

CLYTEMNESTRE. En être amenée là ! Quelle injustice ! Je
   passais mes journées dans la prairie, Égisthe, derrière le
   palais. Il y avait tant de fleurs que pour les cueillir je ne
   me courbais pas, je m'asseyais. Mon chien se couchait à
3150 mes pieds, celui qui aboya quand Agamemnon vint me
   prendre. Je le taquinais avec les fleurs. Il les mangeait
   pour me plaire. Si je l'avais, seulement ! Partout ailleurs,
   que mon mari ait été perse, égyptien, je serais maintenant bonne, insouciante, gaie ! J'avais de la voix, jeune,
   j'élevais des oiseaux ! Je serais une reine égyptienne
   insouciante qui chante, j'aurais une volière égyptienne.
   Et nous en sommes là ! Qu'est-ce que cette famille,
   qu'est-ce que ces murs ont fait de nous !

ÉLECTRE. Des assassins... Ce sont de mauvais murs !

UN MESSAGER. Seigneur, ils ont forcé le passage ! La
3161 poterne cède.

ÉLECTRE. Sois contente. Ils s'écroulent.

ÉGISTHE. Électre, écoute mon dernier mot. Je passe sur
   tout, tes chimères, tes injures. Mais ne vois-tu pas que ta
   patrie agonise !

ÉLECTRE. Je n'aime pas les fleurs ! Tu crois que cela se
   cueille assis, les fleurs pour la tombe d'un père ?

CLYTEMNESTRE. Mais qu'il revienne donc, après tout, ce
   père ! Qu'il cesse de faire le mort ! Quel chantage que
3170 cette absence et ce silence ! Qu'il revienne, avec sa
   pompe, sa vanité, avec sa barbe. Elle a dû pousser, dans
   la tombe. C'est encore préférable !

ÉLECTRE. Que dis-tu ?

ÉGISTHE. Électre, je m'engage à ce que demain, une fois
   Argos sauvée, les coupables, s'il y a des coupables, dis-
   paraissent, et pour toujours. Mais ne t'obstine pas ! Tu
   es douce, Électre. Au fond de toi-même, tu es douce.
   Écoute-toi. La ville va périr.

ÉLECTRE. Qu'elle périsse. Je vois déjà mon amour pour
3180 Argos incendié et vaincu ! Non ! Ma mère a commencé
à insulter mon père, qu'elle achève !

CLYTEMNESTRE. Quelle est cette histoire de coupables !
Que racontez-vous là, Égisthe !

ÉLECTRE. Il vient de dire en un mot tout ce que tu
nies !

CLYTEMNESTRE. Qu'est-ce que je nie ?

ÉLECTRE. Il vient de dire que tu as laissé tomber Oreste,
que j'aime les fleurs, que mon père n'a pas glissé !

CLYTEMNESTRE. Il a glissé ! Je jure qu'il a glissé. S'il y a
3190 au monde une vérité, qu'un éclair nous le montre sur le
ciel. Tu le verras chavirant, avec tout son bagage !

ÉGISTHE. Électre, tu es en mon pouvoir. Ton frère aussi. Je
peux vous tuer. Hier je vous aurais tués. Je m'engage au
contraire, dès que l'ennemi sera repoussé, à quitter le
trône, à rétablir Oreste dans ses droits !

ÉLECTRE. Là n'est plus la question, Égisthe. Si les dieux
pour une fois changent de méthode, s'ils vous rendent
sage et juste pour vous perdre[1], cela les regarde. La
question est de savoir si elle osera nous dire pourquoi
3200 elle haïssait mon père !

CLYTEMNESTRE. Ah ! tu veux le savoir ?

ÉLECTRE. Mais tu n'oseras pas !

ÉGISTHE. Électre, demain, au pied de l'autel où nous fête-
rons la victoire, le coupable sera là, car il n'y a qu'un
coupable, en vêtement de parricide. Il avouera publique-
ment le crime. Il fixera lui-même son châtiment. Mais
laisse-moi sauver la ville.

ÉLECTRE. Vous vous êtes sauvé vis-à-vis de vous-même,
aujourd'hui, Égisthe, et vis-à-vis de moi. C'est suffisant.
3210 Non, je veux qu'elle achève !

CLYTEMNESTRE. Ah ! tu veux que j'achève !

ÉLECTRE. Je t'en défie !

UN MESSAGER. Ils entrent dans les cours intérieures, Égisthe !

ÉGISTHE. Partons, reine !

CLYTEMNESTRE. Oui, je le haïssais. Oui, tu vas savoir enfin ce qu'il était, ce père admirable ! Oui, après vingt ans, je vais m'offrir la joie que s'est offerte Agathe !... Une femme est à tout le monde. Il y a tout juste au
3220 monde un homme auquel elle ne soit pas. Le seul homme auquel je n'étais pas, c'était le roi des rois, le père des pères, c'était lui ! Du jour où il est venu m'arracher à ma maison, avec sa barbe bouclée, de cette main dont il relevait toujours le petit doigt, je l'ai haï. Il le relevait pour boire, il le relevait pour conduire, le cheval s'emballât-il, et quand il tenait son sceptre, et quand il me tenait moi-même, je ne sentais sur mon dos que la pression de quatre doigts : j'en étais folle, et quand dans l'aube il livra à la mort ta sœur Iphigénie, horreur, je
3230 voyais aux deux mains le petit doigt se détacher sur le soleil ! Le roi des rois, quelle dérision ! Il était pompeux, indécis, niais. C'était le fat des fats, le crédule des crédules. Le roi des rois n'a jamais été que ce petit doigt et cette barbe que rien ne rendait lisse. Inutile, l'eau du bain, sous laquelle je plongeais sa tête, inutile la nuit de faux amour, où je la tirais et l'emmêlais, inutile cet orage de Delphes sous lequel les cheveux des danseuses n'étaient plus que des crins ; de l'eau, du lit, de l'averse, du temps, elle ressortait en or, avec ses annelages. Et il
3240 me faisait signe d'approcher, de cette main à petit doigt, et je venais en souriant. Pourquoi ?... Et il me disait de baiser cette bouche au milieu de cette toison, et j'accourais pour la baiser. Et je la baisais. Pourquoi ?... Et quand au réveil, je le trompais, comme Agathe, avec le bois de mon lit, un bois plus relevé, évidemment, plus

royal, de l'amboine, et qu'il me disait de lui parler, et
que je le savais vaniteux, vide aussi, banal, je lui disais
qu'il était la modestie, l'étrangeté, aussi, la splendeur.
Pourquoi ?... Et s'il insistait tant soit peu, bégayant, la-
3250 mentable, je lui jurais qu'il était un dieu. Roi des rois, la
seule excuse de ce surnom est qu'il justifie la haine de la
haine. Sais-tu ce que j'ai fait, le jour de son départ,
Électre, son navire encore en vue ? J'ai fait immoler le
bélier le plus bouclé, le plus indéfrisable, et je me suis
glissée vers minuit, dans la salle du trône, toute seule,
pour prendre le sceptre à pleines mains ! Maintenant tu
sais tout. Tu voulais un hymne à la vérité : voilà le plus
3258 beau !

ÉLECTRE. Ô mon père, pardon !

ÉGISTHE. Venez, reine.

CLYTEMNESTRE. Qu'on saisisse d'abord cette fille. Qu'on
l'enchaîne.

ÉLECTRE. Me pardonneras-tu jamais de l'avoir entendue, ô
mon père ! Est-ce qu'il ne faut pas qu'elle meure, Égisthe !

ÉGISTHE. Adieu, Électre.

ÉLECTRE. Tuez-la, Égisthe. Et je vous pardonne.

CLYTEMNESTRE. Ne la laissez pas libre, Égisthe. Ils vont
3269 vous poignarder dans le dos.

ÉGISTHE. C'est ce que nous allons voir... Laissez Électre...
Déliez Oreste.

Égisthe et Clytemnestre sortent.

ÉLECTRE. L'oiseau descend, mendiant, l'oiseau descend.

LE MENDIANT. Tiens, c'est un vautour.

Scène 9

LE MENDIANT, ÉLECTRE, LA FEMME NARSÈS, MENDIANTS, *puis* ORESTE

LE MENDIANT. Te voilà, femme Narsès ?

LA FEMME NARSÈS. Nous arrivons, tous les mendiants, pour sauver Électre et son frère, les infirmes, les aveugles, les boiteux.

LE MENDIANT. La Justice, quoi !

LA FEMME NARSÈS. Ils sont là, à délier Oreste...

Une foule de mendiants est entrée peu à peu.

LE MENDIANT. Comment ils l'ont tué, femme Narsès,
3281 écoute. Voici comme tout s'est passé et jamais je n'invente. C'est la reine qui a eu l'idée de savonner les marches qui descendent à la piscine. Ils ont fait cela à eux deux. Alors que toutes les ménagères pour le retour d'Agamemnon savonnaient leur seuil, la reine et son amant savonnaient le seuil de sa mort. On peut imaginer quelles mains propres ils avaient, ils lui ont offertes quand Agamemnon est entré. Et alors comme il tendait les bras vers elle, il a glissé, ton père, Électre. Tu as
3290 raison, excepté sur ce point. Il a glissé jusqu'au milieu des dalles, et le fracas de la chute, à cause de la cuirasse et du casque était bien celui d'un roi qui tombe, car tout était de l'or. Et c'est elle qui s'est précipitée, pour le relever, croyait-il, mais qui l'a maintenu. Il ne comprenait pas. Il ne comprenait pas sa femme chérie qui le maintenait à terre, il se demandait si c'était dans un élan d'amour, mais alors pourquoi cet Égisthe restait-il ? Il était indiscret, ce jeune Égisthe, et maladroit. On verrait pour son avancement. Il peut être vexé, le maître du
3300 monde, qui tombe en rentrant chez lui, qui a pris Troie, qui sort de passer la grande revue navale, et l'équestre,

et la pédestre, et qui vous dégringole sur le dos, avec son
bruit de vaisselle, même si sa barbe reste intacte et bouclée, devant sa femme amoureuse et le jeune porte-
enseigne. D'autant plus que cela pouvait être un mauvais présage. Cette chute pouvait vouloir dire qu'il
mourrait dans un an, dans cinq ans. Mais, ce qu'il trouvait singulier, c'est que son épouse bien-aimée l'eût saisi
aux poignets et pesât de tout son poids pour le clouer
3310 sur le dos, comme la pêcheuse maintient les grosses tortues échouées, celles qui viennent par le détroit. Elle
avait tort. Elle n'en était pas plus belle, ainsi penchée,
avec le sang à la tête, et le cou qui prenait ses plis. Ce
n'était pas comme le jeune Égisthe, qui essayait de lui
tirer son épée, pour lui éviter du mal évidemment, et
qui, à chaque seconde, devenait beau, de plus en plus
beau. Et, ce qui était extraordinaire, c'est que tous deux
étaient muets. Lui leur parlait : Chère femme, disait-il,
comme tu es forte ! Jeune homme, disait-il, prends
3320 l'épée par la garde ! Et eux étaient muets ; on avait
oublié de lui dire cela pendant ses dix ans d'absence, la
reine était une muette, les écuyers étaient des muets.
Muets ils étaient comme ceux qui préparent une malle
quand le départ presse. Ils avaient quelque chose à faire,
mais vite, avant que personne pût entrer. Quel bagage
avaient-ils à faire si vite ? Et soudain le coup de pied
donné par Égisthe au casque lui apprit tout, comme au
mourant le coup de pied donné à son chien. Et il cria :
Femme, lâche-moi ! Femme, que fais-tu là ? Elle se gar-
3330 dait de dire ce qu'elle faisait. Elle ne pouvait lui répondre : je te tue, je t'assassine. Mais elle se le disait tout
bas à elle-même ; je le tue parce qu'il n'y a pas un seul
poil gris dans cette barbe, je l'assassine parce que c'est le
seul moyen d'assassiner ce petit doigt. Des dents, elle
avait délié le lacet de la cuirasse, et les lèvres d'or déjà
s'écartaient, et Égisthe — ah ! voilà pourquoi il était
beau, Égisthe ! Cette beauté, Agamemnon l'avait vue

envahir Achille tuant Hector, Ulysse tuant Dolon —
approchait, l'épée renversée. Alors le roi des rois donna
3340 de grands coups de pied dans le dos de Clytemnestre, à
chacun elle sursautait toute, la tête muette sursautait et
se crispait, et il cria, et alors pour couvrir la voix, Égisthe poussait de grands éclats de rire, d'un visage rigide.
Et il plongea l'épée. Et le roi des rois n'était pas ce bloc
d'airain et de fer qu'il imaginait, c'était une douce chair,
facile à transpercer comme l'agneau ; il y alla trop fort,
l'épée entailla la dalle. Les assassins ont tort de blesser le
marbre, il a sa rancune : c'est à cette entaille que moi
j'ai deviné le crime. Alors il cessa de lutter ; entre cette
3350 femme de plus en plus laide et cet homme de plus en
plus beau, il se laissa aller ; la mort a ceci de bon qu'on
peut se confier à elle ; c'était sa seule amie dans ce guet-
apens, la mort ; elle avait d'ailleurs un air de famille, un
air qu'il reconnaissait, et il appela ses enfants, le garçon
d'abord, Oreste, pour le remercier de le venger un jour,
puis la fille, Électre, pour la remercier de prêter ainsi
pour une minute son visage et ses mains à la mort. Et
Clytemnestre ne le lâchait pas, une mousse à ses lèvres,
et Agamemnon voulait bien mourir, mais pas que cette
3360 femme crachât sur son visage, sur sa barbe. Et elle ne
cracha pas, tout occupée à tourner autour du corps, à
cause du sang qu'elle évitait aux sandales, elle tournait
dans sa robe rouge, et lui déjà agonisait, et il croyait voir
tourner autour de lui le soleil. Puis vint l'ombre. C'est
que soudain, chacun d'eux par un bras l'avait retourné
contre le sol. A la main droite quatre doigts déjà ne
bougeaient plus. Et puis, comme Égisthe avait retiré
l'épée sans y penser, ils le retournèrent à nouveau, et lui
la remit bien doucement, bien posément dans la plaie.
3370 Et ce jeune Égisthe éprouvait de la gratitude pour ce
mort qui la seconde fois se laissait tuer si doucement, si
doucement. On en tuerait des douzaines, de rois des
rois, si c'était cela le meurtre. Mais la haine de Clytem-

nestre grandissait pour celui qui s'était débattu si bête-
ment, si férocement, car elle savait que chaque nuit elle
verrait dans un cauchemar ce massacre. Et c'est bien ce
qui arriva. Et c'est bien là le compte de son crime. Voilà
sept ans qu'elle l'a tué : elle l'a tué trois mille fois.

Oreste est entré pendant le récit.

LA FEMME NARSÈS. Voilà le jeune homme ! Qu'il est
3380 beau !

LE MENDIANT. De la beauté du jeune Égisthe.

ORESTE. Où sont-ils, Électre ?

ÉLECTRE. Oreste chéri !

LA FEMME NARSÈS. Dans la cour du sud.

ORESTE. A tout à l'heure, Électre, et pour toujours !

ÉLECTRE. Va, mon amour.

ORESTE. Pourquoi t'interrompre, mendiant ? Continue.
Raconte-leur la mort de Clytemnestre et d'Égisthe !

Il sort l'épée en main.

LA FEMME NARSÈS. Raconte, mendiant.

LE MENDIANT. Deux minutes. Laisse-lui le temps d'arri-
3391 ver.

ÉLECTRE. Il a son épée ?

LA FEMME NARSÈS. Oui, ma fille.

LE MENDIANT. Tu n'es pas folle d'appeler la princesse ta
fille ?

LA FEMME NARSÈS. Je l'appelle ma fille. Je ne lui dis pas
qu'elle est ma fille. Je l'ai pourtant vu souvent, son père.
Oh ! mon Dieu, le bel homme !

ÉLECTRE. Il avait une barbe, n'est-ce pas ?

LA FEMME NARSÈS. Pas une barbe. Un soleil. Un soleil
3401 annelé, ondulé. Un soleil d'où venait de se retirer la

mer. Il y passait sa main. La plus belle main que j'aie
vue au monde...

ÉLECTRE. Appelle-moi ta fille, femme Narsès, je suis ta
fille... On a crié !

LA FEMME NARSÈS. Non, ma fille !

ÉLECTRE. Tu es sûre qu'il avait son épée, qu'il ne s'est pas
trouvé devant eux sans épée ?

LA FEMME NARSÈS. Tu l'as bien vu passer ! Il en avait
3410 mille ! Calme-toi. Calme-toi.

ÉLECTRE. Qu'elle était longue la minute où tu as attendu
au seuil de la piscine, ô ma mère !

LA FEMME NARSÈS. Si tu racontais, toi ! Tout sera fini
que nous ne saurons rien !

LE MENDIANT. Une minute. Il les cherche. Voilà ! Il les
rejoint !

LA FEMME NARSÈS. Oh ! Moi, je peux attendre. C'est
doux de la toucher, cette petite Électre. Je n'ai que des
garçons, des bandits. Heureuses les mères qui ont des
3420 filles !

ÉLECTRE. Oui... Heureuses... On a crié, cette fois !

LA FEMME NARSÈS. Oui, ma fille.

LE MENDIANT. Alors voici la fin. La femme Narsès et les
mendiants délièrent Oreste. Il se précipita à travers la
cour. Il ne toucha même pas, il n'embrassa même pas
Électre. Il a eu tort. Il ne la touchera jamais plus. Et il
atteignit les assassins comme ils parlementaient avec
l'émeute, de la niche en marbre. Et comme Égisthe pen-
ché disait aux meneurs que tout allait bien, et que tout
3430 désormais irait bien, il entendit crier dans son dos une
bête qu'on saignait. Et ce n'était pas une bête qui criait,
c'était Clytemnestre. Mais on la saignait. Son fils la saignait. Il avait frappé au hasard sur le couple, en fermant

les yeux. Mais tout est sensible et mortel dans une mère, même indigne. Et elle n'appelait ni Électre, ni Oreste, mais sa dernière fille Chrysothémis, si bien qu'Oreste avait l'impression que c'était une autre mère, une mère innocente qu'il tuait. Et elle se cramponnait au bras droit d'Égisthe. Elle avait raison, c'était sa seule chance
3440 désormais dans la vie de se tenir un peu debout. Mais elle empêchait Égisthe de dégainer. Il la secouait pour reprendre son bras, rien à faire. Et elle était trop lourde aussi pour servir de bouclier. Et il y avait encore cet oiseau qui le giflait de ses ailes et l'attaquait du bec. Alors il lutta. Du seul bras gauche sans armes, une reine morte au bras droit avec colliers et pendentifs, désespéré de mourir en criminel quand tout de lui était devenu pur et sacré, de combattre pour un crime qui n'était plus le sien et, dans tant de loyauté et d'innocence, de se
3450 trouver l'infâme en face de ce parricide, il lutta de sa main que l'épée découpait peu à peu, mais le lacet de sa cuirasse se prit dans une agrafe de Clytemnestre, et elle s'ouvrit. Alors il ne résista plus, il secouait seulement son bras droit, et l'on sentait que s'il voulait maintenant se débarrasser de la reine, ce n'était plus pour combattre seul, mais pour mourir seul, pour être couché dans la mort loin de Clytemnestre. Et il n'y est pas parvenu. Et il y a pour l'éternité un couple Clytemnestre-Égisthe. Mais il est mort en criant un nom que je ne dirai
3460 pas.

LA VOIX D'ÉGISTHE, *au-dehors*. Électre[1]...

LE MENDIANT. J'ai raconté trop vite. Il me rattrape[2].

Scène 10

LE MENDIANT, ÉLECTRE, LA FEMME NARSÈS,
MENDIANTS, LES EUMÉNIDES, UN SERVITEUR

Les Euménides ont juste l'âge et la taille d'Électre.

UN SERVITEUR. Fuyez, vous autres, le palais brûle !

PREMIÈRE EUMÉNIDE. C'est la lueur qui manquait à
Électre. Avec le jour et la vérité, l'incendie lui en fait
trois.

DEUXIÈME EUMÉNIDE. Te voilà satisfaite, Électre ! La
ville meurt !

ÉLECTRE. Me voilà satisfaite. Depuis une minute, je sais
3470 qu'elle renaîtra.

TROISIÈME EUMÉNIDE. Ils renaîtront aussi, ceux qui
s'égorgent dans les rues ? Les Corinthiens ont donné
l'assaut, et massacrent.

ÉLECTRE. S'ils sont innocents, ils renaîtront.

PREMIÈRE EUMÉNIDE. Voilà où t'a menée l'orgueil, Électre ! Tu n'es plus rien ! Tu n'as plus rien !

ÉLECTRE. J'ai ma conscience, j'ai Oreste, j'ai la justice, j'ai
tout.

DEUXIÈME EUMÉNIDE. Ta conscience ! Tu vas l'écouter,
3480 ta conscience, dans les petits matins qui se préparent.
Sept ans tu n'as pu dormir à cause d'un crime que
d'autres avaient commis. Désormais, c'est toi la coupable.

ÉLECTRE. J'ai Oreste. J'ai la justice. J'ai tout.

TROISIÈME EUMÉNIDE. Oreste ? Plus jamais tu ne rever-
ras Oreste. Nous te quittons pour le cerner. Nous prenons ton âge et ta forme pour le poursuivre. Adieu.

Nous ne le lâcherons plus, jusqu'à ce qu'il délire et se
3489 tue, maudissant sa sœur.

ÉLECTRE. J'ai la justice. J'ai tout[1].

LA FEMME NARSÈS. Que disent-elles ? Elles sont méchan-
tes ! Où en sommes-nous, ma pauvre Électre, où en
sommes-nous !

ÉLECTRE. Où nous en sommes ?

LA FEMME NARSÈS. Oui, explique ! Je ne saisis jamais
bien vite. Je sens évidemment qu'il se passe quelque
chose, mais je me rends mal compte. Comment cela
s'appelle-t-il, quand le jour se lève, comme aujourd'hui,
et que tout est gâché, que tout est saccagé, et que l'air
3500 pourtant se respire, et qu'on a tout perdu, que la ville
brûle, que les innocents s'entre-tuent, mais que les coupables agonisent, dans un coin du jour qui se lève ?

ÉLECTRE. Demande au mendiant. Il le sait.

LE MENDIANT. Cela a un très beau nom, femme Narsès.
Cela s'appelle l'aurore[2].

RIDEAU

Commentaires

Notes

par

Jacques Body

Commentaires

Originalité de l'Électre de Jean Giraudoux

Jean Giraudoux avait déjà de son vivant une réputation d'originalité qui s'est confirmée après sa mort. Il a toujours ses admirateurs et ses détracteurs, il a eu quelques imitateurs et beaucoup de pasticheurs, mais jamais nul qui lui soit comparable. Originalité de ses premiers récits (*Provinciales*, 1909), originalité de ses livres de guerre (*Lectures pour une ombre*, 1917), originalité de ses romans (*Suzanne et le Pacifique*, 1921)...

Son « passage » au théâtre (*Siegfried*, 1928), grâce à l'admirable collaboration de Louis Jouvet, acteur, metteur en scène et directeur de théâtre, fut salué comme un événement. Fort de ce premier succès, Giraudoux avait confirmé son appartenance à la tradition classique en reprenant le thème d'Amphitryon déjà traité par Molière à l'imitation de Plaute, et en même temps il avait affirmé sa modernité en numérotant ironiquement son œuvre comme la trente-huitième version de cette comédie antique : ce fut *Amphitryon 38*, créé avec grand succès en 1929.

Dès cette époque, Giraudoux concevait une ambition plus grande encore. Il ne se satisferait plus d'être l'amuseur des Parisiens cultivés, il serait la conscience et le symbole d'une civilisation, il serait le Racine du XXᵉ siècle — Racine à qui justement il consacrait une étude en 1930. Finie, donc, la comédie ? En 1931, Giraudoux fait jouer sa première tragédie, *Judith*, qui recueille un succès mitigé. Les uns déplorent que la dignité tragique soit comme lézardée par les traits d'esprit qui parsèment le texte, les autres au contraire disent s'être « embéthulés » (la pièce se passe en Béthulie). Giraudoux adore les jeux de mots, mais il ne supporte pas d'en être brocardé. Il réagit aussitôt dans un « Discours sur le théâtre » qu'il a ensuite recueilli dans *Littérature*[1]. Le demi-échec de *Judith* appelle une revanche[2] : ce sera *Électre*.

Placée au centre de la carrière dramatique de Giraudoux, écrite dans la pleine maturité de son talent, inspirée, plus encore que *La guerre de Troie n'aura pas lieu* (1935), par les modèles grecs, intitulée purement et simplement *Électre* (sans la modestie d'un coefficient numérique) comme les chefs-d'œuvre rivaux de Sophocle et d'Euripide, qui eux-mêmes rivalisaient avec *l'Orestie* d'Eschyle, l'œuvre de Giraudoux se place en vis-à-vis de la tragédie grecque à son apogée et elle ambitionne de donner à cette année 1937, qui est celle de l'Exposition universelle de Paris, un lustre comparable au siècle de Périclès. Voilà « à quelle altitude se livre le tournoi », comme il est dit dans *L'Impromptu de Paris*[3].

Giraudoux l'avait affirmé dans une conférence de 1934 : « Il ne peut y avoir d'époque théâtrale que dans une grande époque. » Certes, il n'a pas osé ajouter le mot « tragédie » après le titre comme il l'avait fait pour *Judith*, parce que ce mot semble déclencher dans le public et surtout chez les critiques professionnels une réaction de méfiance, mais à coup sûr *Électre* plus encore que *Judith* est une tragédie, plus sombre même, sans pause ni ménagements.

Giraudoux y lance plusieurs défis. Il se vantera d'avoir écrit, avec le « Lamento » du Jardinier, « le plus long monologue qu'on ait écrit pour le théâtre[4] », redoutable « entracte » précédé et suivi de deux redoutables enchaînements — cette tragédie n'a que deux actes —

1. Grasset, 1941, réédité en 1967 par Gallimard, collection Idées.
2. Voir la notice de Brett Dawson sur *L'Impromptu de Paris* dans le *Théâtre complet*, Pléiade, pp. 1589-1590.
3. Scène III, *Théâtre complet*, Pléiade, p. 707.
4. *Visitations*, Grasset, 1952, p. 79.

durant lesquels l'attention et la sympathie du spectateur
sont sollicitées contradictoirement par les grandes idées
et les petits détails jusqu'à un triple dénouement en cas-
cade, où s'enchaînent coup sur coup deux de ces « récits
de messager » qui sont pour l'auteur tragique l'équivalent du fil tendu pour le funambule. L'unité classique de
lieu a été respectée mais « la cour intérieure du palais »,
équivalent dramaturgique du vestibule racinien, offre en
plus la possibilité de planter un décor spectaculaire. Et
l'unité de temps a été mieux que respectée : au lieu des
vingt-quatre heures classiques, douze heures lui suffi-
sent.

Sur ce thème antique, Giraudoux a voulu écrire la
tragédie de notre siècle. Aucun des dieux antiques n'est
nommé. On y parle du destin et des dieux en général, et
l'on y envisage même que ces dieux ne soient qu'un,
qu'on appelle Dieu, et même que cet un soit absent[1]. On
y entend les échos de l'histoire contemporaine, le combat des puissants et des gueux, des hommes de pouvoir
et des révolutionnaires, on y voit la guerre civile et l'in-
tervention étrangère comme dans la guerre d'Espagne
(1936-1939) : on y traite de la condition de la femme
dans la société et de la place de l'homme dans l'univers.

En même temps, Giraudoux espère donner son langage à notre époque, langage proche de tous par certaines familiarités et néanmoins capable d'illustrer les plus
profondes réflexions politiques ou morales, par le jeu
combiné de l'esprit et de la poésie, de l'audace et de la
liberté.

A la trame surannée de la tragédie classique il donne
une force neuve en empruntant au roman policier. Car
c'est la grande nouveauté par rapport aux *Électre* antiques : ni Électre ni Oreste ne savent comment leur père
est mort et les deux actes sont le récit de l'enquête
menée par l'héroïne. Lorsque le premier « récit de messager » aura enfin révélé les circonstances du meurtre, il
n'y aura plus qu'à procéder au châtiment des coupables,

1. Voir l. 1802-1803.

sujet du second « récit de messager » — en deux mots, *crime* et *châtiment*, un crime qui était déjà le châtiment d'un crime antérieur, et un châtiment pire que le crime puisque c'est un parricide : tel est le cycle infernal dont l'humanité n'arrive pas à sortir.

En vain la féerie de la nature traverse la pièce : la loi des animaux n'est pas moins inéluctable. On aurait plus de douceur et d'indulgence chez les végétaux. Mais le tragique humain naît justement du heurt de valeurs inconciliables : ordre et justice, puissance et tendresse, vérité et bonheur.

Tragédie noire, qui étend la fatalité antique aux familles politiques et spirituelles de notre siècle, cette œuvre semblerait désespérée si elle ne contenait en son milieu, comme le noyau dans le fruit, le « Lamento » du Jardinier, message d'humilité, d'intelligence et d'espoir.

Thèmes et personnages

L'intrigue

L'action commence le jour où la princesse, Électre, doit épouser le Jardinier. L'exposition se poursuit pendant quatre scènes. Après la visite commentée du palais des Atrides (sc. 1), Oreste recueille l'opinion du Président sur Électre (sc. 2), celle d'Égisthe sur les dieux et sur Électre, le seul être aujourd'hui dans Argos à « faire signe aux dieux » (sc. 3), puis il voit Électre et Clytemnestre, qui déjà se querellent sur la question du « poussé ou pas poussé » (sc. 4). Oreste écarte le Jardinier (sc. 5), se fait reconnaître de sa sœur (sc. 6) et leur duo plus que fraternel (sc. 8, 10) est interrompu par Clytemnestre (sc. 7, 9) intriguée par la présence de cet inconnu, et par Égisthe qui vient d'apprendre qu'Oreste s'est échappé (sc. 9), grâce à quoi Clytemnestre devine que cet inconnu est son fils (sc. 11). Mais déjà Électre, inconso-

lable de la mort de son père, a « pris la piste » et inoculé
à Oreste sa haine pour leur mère et pour Égisthe (sc. 8),
et la question est posée contradictoirement par les Petites Euménides (sc. 12) et par le Mendiant (sc. 13) : les
redresseurs de torts sont-ils « le mal du monde » ? Électre n'a-t-elle pas raison ?... Cependant que frère et sœur,
dans la nuit, bénéficient d'une heure de repos, et que le
Jardinier reste seul dans son jardin (entracte).

L'acte II se déroule de l'aube à l'aurore. Oreste dort
encore (sc. 1) quand Électre voit Agathe raccompagner
son jeune amant (sc. 2). Première illumination : « Notre
mère a un amant », bientôt suivie d'une autre : « Notre
père a été tué » (sc. 3). Clytemnestre est accueillie par
ses enfants aux cris de : « Qui est-ce ? » Oreste se lais-
serait volontiers fléchir (sc. 4) mais, en tête-à-tête (sans
compter la présence du Mendiant, obstinément en scène
jusqu'à la fin de la pièce, comme Électre), l'antagonisme
des deux femmes s'accroît et la question est relancée
(sc. 5) puis reprise par le Président poursuivant sa
femme : « Qui est-ce ? » Agathe finit par avouer deux
amants, dont Égisthe. « Menteuse ! » crie Clytemnestre,
se trahissant ainsi (sc. 6). Égisthe paraît, indifférent à
l'accueil de celui et celles qu'il a trompés. Il est tout à
Électre. Un instant le Capitaine le rappelle à l'urgence de
la situation : les envahisseurs, l'émeute. Il suffirait
qu'Égisthe épouse la Reine et paraisse au balcon pour
que la garde se ressaisisse. Mais Égisthe veut d'abord
faire devant Électre le serment de sauver Argos. Il a eu
l'illumination de ce qu'est sa patrie, il n'est plus un
fourbe débauché, le roi d'Argos s'est déclaré en lui
(sc. 7). Électre aussi a eu son illumination : tendresse et
justice. « Vous l'avez assassiné, n'est-ce pas ? » Égisthe
s'engage à rétablir Oreste sur le trône, Clytemnestre
avoue qu'elle haïssait Agamemnon. « Tuez-la, Égisthe.
Et je vous pardonne. » Égisthe se contente de faire déli-
vrer Oreste et sort avec Clytemnestre (sc. 8). Arrivent la
Femme Narsès et sa cohorte. Le Mendiant raconte comment Égisthe et Clytemnestre ont tué Agamemnon jadis,
puis comment Oreste les tue à leur tour (sc. 9). « La ville
brûle », « les innocents s'entre-tuent », Électre ne reverra

plus son frère qui la maudira, c'est elle qui est désormais la coupable. On appelle ça l'aurore... (sc. 10).

Les personnages (dans l'ordre d'entrée en scène)

Les Petites Euménides. « Euménides » signifie en grec « bienveillantes », nom propitiatoire donné aux cruelles Érinyes, déesses vengeresses qui poursuivront Oreste après son crime dans la trilogie d'Eschyle. Elles sont les premières en scène chez Giraudoux, sous la forme de petites filles insolentes et espiègles. Elles jouent un peu le rôle du Chœur antique en révélant l'arrière-plan du drame : la scène est au palais d'Argos ; jadis, Atrée, le premier roi d'Argos, tua les fils de son frère Thyeste (d'où la malédiction qui pèse sur ses descendants, les Atrides). Son fils Agamemnon, le Roi des rois, au retour de la guerre de Troie, est censé s'être tué accidentellement en glissant dans la piscine, mais il pourrait y avoir une autre explication, car sa veuve, la reine Clytemnestre, a le sommeil troublé par des images de sang... Jadis elle avait envoyé hors du pays son fils Oreste quand il n'avait que deux ans. Sa fille Électre vit tout en haut du palais dans ce qui était la chambre d'Oreste, d'où elle peut voir le tombeau de son père.

Dès cette première scène, il est dit que les Petites Euménides grandissent à vue d'œil : « Hier, elles avaient des années de moins qu'aujourd'hui » (l. 139-140). Quand elles réapparaissent à la fin de l'acte (sc. 12), elles ont « douze ou treize ans » ; au début de l'acte II, « elles ont quinze ans » (sc. 3) ; à la fin (sc. 10) elles ont « juste l'âge et la taille d'Électre », et elles lui expliquent pourquoi : « Nous prenons ton âge et ta forme pour poursuivre (Oreste) [...]. Nous ne le lâcherons plus, jusqu'à ce qu'il délire et se tue, maudissant sa sœur. ». Elles représentent cette accélération du temps qu'exige la tragédie et, comme Giraudoux l'avait écrit au début de *La guerre de Troie n'aura pas lieu*, cette « forme accélérée du temps », c'est la définition même du destin. On pourrait les croire bienveillantes car elles cherchent souvent à détourner Oreste vers la piste du bonheur mais, à force de mimer l'action avec plusieurs scènes d'avance, on peut aussi penser qu'elles suscitent et précipitent la catastrophe.

Oreste, le fils d'Agamemnon et de Clytemnestre, frère cadet d'Électre, revient déguisé en Étranger, guidé par les Petites Euménides, après « vingt ans » (I, 1, l. 31) d'exil. Dans l'*Orestie*, il était le héros vengeur — avant de subir à son tour la vengeance des Érinyes. Sa sœur ne faisait que le seconder, le stimuler. Mais dès les tragédies de Sophocle et d'Euripide, la sœur prend le pas sur son frère, qui n'est plus que l'instrument du crime. Giraudoux va jusqu'au bout de cette évolution : son Oreste est un doux rêveur, qui aspire à la tendresse et au bonheur, ému de retrouver les lieux de sa petite enfance (I, 1), plus ému quand Agathe le jette dans les bras de sa sœur (I, 5). La scène de reconnaissance du frère et de la sœur, morceau de bravoure des tragédies antiques, est traitée ici par la litote et dans la pudeur des grandes tendresses (I, 6). Oreste voudrait « goûter, ne fût-ce qu'une heure », la douceur de cette vie familiale qu'il n'a pas connue et que pourtant il retrouve (l. 1392-1394). Sa sœur le prend au mot : « Va pour une heure... » Il dort encore auprès d'elle au début de l'acte II, mais Électre va bientôt l'éveiller (II, 3) et désormais il est pris dans l'engrenage tragique. Les Euménides l'enchaînent et le bâillonnent (II, 7, l. 2847-2848), jusqu'à ce que les Mendiants, sur l'ordre d'Égisthe (l. 3271), le délivrent (II, 9, l. 3279). Il entre en scène pendant le premier récit du Mendiant, apprend ainsi qu'Égisthe et sa mère sont les meurtriers d'Agamemnon. Sous le coup de cette révélation, il sort l'épée à la main et nous apprenons par le second récit du Mendiant qu'il a frappé les yeux fermés, atteignant par hasard sa mère avant d'achever Égisthe.

Le Jardinier est une invention d'Euripide : pour écarter Électre du palais et ses éventuels enfants du trône, Égisthe et Clytemnestre l'ont mariée à un simple laboureur. Ici, le mariage n'est pas encore conclu, et il ne le sera pas, non seulement parce que Clytemnestre s'y oppose (I, 4, l. 985 *sqq.* et I, 7), mais parce que Oreste s'est substitué au Jardinier (I, 5). Ainsi, ce Jardinier n'aura été que l'occasion d'un cortège folklorique (à la scène 1, il arrive en costume de fête, accompagné des invités villageois), puis de très jolis couplets sur l'amour des jardins et la sagesse des humbles (I, 4, l. 1023-1080) : il est le contraire du héros tragique et c'est pourquoi, rejeté de l'action, il lui appartient à l'entracte de venir la commenter devant le rideau, opposant la résignation et la foi de son personnage élégiaque et bucolique à la fierté pure et dure des héros tragiques.

Le rôle du Jardinier n'est que provisoirement achevé. Désormais, comme Giraudoux l'expliquera dans *Visitations* (p. 79), il hantera l'imagination de l'auteur : « Dans ce monde où je n'ai pas de jardin, j'ai du moins un jardinier qui me suit en tous lieux. » Il aura de nouveau un rôle dans *Sodome et Gomorrhe*, semblable à lui-même, et une fois de plus avec un long monologue à la charnière des deux actes.

Agathe serait toute vertu si elle méritait son nom. Aussi menteuse que coureuse, elle a l'excuse d'avoir été mariée, elle si jeune, si jolie et si spirituelle, à un imbécile vieux et laid. Elle a l'excuse d'être femme et traitée comme le sont les femmes. En avouant qu'elle a présentement deux amants, dont l'un est Égisthe (II, 6, l. 2506-2507), elle libère les vérités cachées. « Ah ! Que tout devient clair à la lampe d'Agathe ! » (II, 8, l. 2810-2811)

Le Président est un cousin éloigné du Jardinier. Second président du tribunal, mérite-t-il son nom de Théocathoclès (« gloire des Dieux d'en bas » selon certains commentateurs) parce qu'il pourvoit les enfers en condamnés à mort ? Son caractère le porte plutôt à l'indulgence et il lui en faut beaucoup pour supporter sa femme, Agathe. Parfait représentant de l'humanité moyenne, à défaut de clairvoyance il a du bon sens, à défaut de courage de la prudence — tout le contraire d'Électre qu'il se trouve avoir à décrire pour Oreste (I, 2). Grâce à sa femme, il a un autre rôle, celui de mari trompé. Lorsqu'il reparaît à l'acte II, 6, poursuivant l'infidèle, non content de s'entendre dire ses vérités, il fait jaillir la vérité — après quoi « (son) rôle est fini » (II, 7, l. 2804).

Égisthe est d'abord le Régent, incarnation du pouvoir temporel, un tyran méfiant qui, pour ne pas attirer l'attention des dieux — s'ils existent ! (I, 3, l. 463-467) —, crucifie au fond des vallées (l. 588). En mariant la trop voyante Électre à un Jardinier, il espère détourner le destin des Atrides.

La fonction crée l'organe. A l'acte II, lorsque la révolution s'ajoute à l'invasion, Égisthe se révèle un chef d'État, mieux : un roi (II, 7, l. 2533). Son penchant secret pour Électre (II, 7, l. 2585-2587) avive sa conscience. Il lui promet, l'ennemi une fois repoussé, de lui livrer les meurtriers d'Agamemnon — donc de se livrer — et de rétablir Oreste sur le trône. « Vous vous êtes sauvé vis-à-vis de vous-même, aujourd'hui, Égisthe, et vis-à-vis de moi », lui dira Électre (II, 8, l. 3208-3209). Il n'en mourra pas moins aux côtés de Clytemnestre, « désespéré de mourir en criminel quand tout de lui était devenu pur et sacré » (II, 9, l. 3446-3448).

Le Mendiant. Quand Égisthe entre, sous les vivats, les serviteurs apportent à la fois son trône et... un escabeau. Il est destiné au Mendiant, si « parfait comme mendiant » qu'il pourrait bien être un dieu (I, 3, l. 414-415). Le voilà bientôt installé, entre terre et ciel, et donc à la hauteur d'Égisthe, qu'il interrompt de ses divagations. Du haut de son escabeau, il exprime le jugement suprême : celui de l'opinion publique.

La parole est la pire et la meilleure des choses, répète-t-on depuis Ésope. Le Mendiant est un homme de paroles (au pluriel) : tournures populaires, propos familiers, détails vulgaires, fréquentations douteuses, il ne cesse de bavarder, avant-garde et porte-parole d'une cohorte de mendiants et d'infirmes, et ces damnés de la terre sont peut-être la révolution en marche. Mais il est aussi l'homme des apophtegmes, des métaphores, des paraboles ésotériques : il parle, sinon comme un dieu, du moins comme un devin, comme un poète. Il divague, et il vaticine. Et ainsi — une platitude et un hiatus pour commencer, une catachrèse et une métaphore pour finir —, il lui appartient de prononcer la dernière réplique qui est aussi la plus célèbre... et la plus ambiguë : « Cela a un très beau nom, femme Narsès. Cela s'appelle l'aurore. »

Il faut se rappeler qu'à la création le rôle était tenu par Louis Jouvet lui-même, coiffé d'un invraisemblable chapeau. Giraudoux en écrivant le rôle pensait assurément à sa voix gouailleuse et tendre, à sa diction saccadée et pathétique, à sa « forme désinvolte et volubile » : « le grand acteur (est) un grand inspirateur » (*Visitations*, pp. 23 et 25).

Clytemnestre entre avec sa fille Électre à la scène 4, et cette entrée différée leur donne une égale dignité sur la scène, mais non dans la vie. Électre est l'obstination : une fois entrée en scène elle n'en sortira plus. Clytemnestre au contraire ne tient pas en place et ses entrées et ses sorties rythment toute la fin du premier acte (scènes 4, 7, 9, 11). En dépit des apparences, c'est une femme déchue, et son seul bonheur aura été d'avouer, une seconde avant sa mort, sa honte et son crime (II, 8, l. 3216-3258). Comme beaucoup de femmes, elle a été mariée contre son gré, elle haïssait son mari avant même qu'il ne sacrifie leur fille Iphigénie. Elle l'a tué il y a sept ans et depuis sept ans elle revoit chaque nuit « dans un cauchemar ce massacre » (II, 9, l. 3376). *Ils* l'ont tué, elle et son amant, et depuis sept ans ils continuent de cacher leur liaison. Elle avait chassé son fils, sa fille ne l'aime pas, son amant la trompe, et la voilà peu à peu désignée comme *la* criminelle, traquée et saignée comme une bête (II, 9, l. 3430-3433), alors qu'elle était d'abord une victime.

Électre. Qui est-elle ? Son nom pourrait signifier : *la lumineuse*. Elle veut faire toute la lumière, elle la fera, jusqu'à cette « aurore » de sang, d'incendie et de victoire. Elle est la « ménagère de la vérité », la « justice intégrale », le pouvoir spirituel dressé contre le pouvoir temporel, l'avocat des prolétaires, et de tous les pays. Elle est « la plus belle fille d'Argos », elle est « l'intelligence même ». « Beaucoup de mémoire surtout », hélas ! Elle prétend se souvenir que sa mère avait laissé tomber Oreste alors qu'elle n'avait que quinze mois. — C'est toi qui l'avais poussé, répond la mère. Poussé ou pas poussé ? Guidée par son intuition plus encore que par des indices, elle mène l'interrogatoire, démasque les coupables et ne sera satisfaite qu'après leur châtiment.

Mais cette vierge (*alektra,* la non-mariée) a aussi ses zones d'ombre, et relève du psychanalyste : fixation des traumatismes de la petite enfance, sexualité retardée, haine de la mère, amour pathologique du père reporté sur le frère, elle est le type de « la femme à histoires ». Elle exige la Vérité, le seul venin sans remède (II, 3, l. 1990-1991), elle obtient la Justice, grâce à quoi les innocents s'entre-tuent et tout est saccagé (II, 10).

La Femme Narsès, désignée comme on désigne une délinquante dans les tribunaux, porte le nom de son mari, l'homme le plus bête du monde (*narkè* en grec signifie engourdissement, torpeur). Le Mendiant annonce son arrivée dès la scène 3 (l. 675-676) et nous prévient : ce n'est pas une beauté ! Elle n'entrera qu'à la fin de l'acte II, pour les deux dernières scènes, avec les mendiants, les infirmes, les aveugles, les boiteux, — renfort décisif pour Électre, qu'elle appelle « ma fille » avec son consentement.

Personnages anonymes. La distribution comporte encore des rôles secondaires (Le Capitaine, Un Serviteur, Un Messager) et de nombreux figurants (Invités villageois, Soldats, Serviteurs, Mendiants et Mendiantes) qui expliquent que la pièce ne soit guère jouée que par des théâtres fortement subventionnés.

Pour l'intelligence du texte, il ne faut pas oublier non plus les personnages qui restent dans la coulisse, en particulier les milliers d'envahisseurs corinthiens dont on voit les « lances émerger des collines » (II, 7, l. 2592), qui bientôt forcent le passage et passent la poterne (II, 8, l. 3160-3161), entrent dans les cours intérieures (l. 3213) et mettent le feu au palais (II, 10, l. 3463). Ajoutons encore, invisible pour les spectateurs parce que très haut, cet oiseau qui plane au-dessus d'Égisthe à sa dernière entrée (fin de l'acte II, sc. 6), qui ne l'a pas quitté « depuis le lever du soleil » (II, 7, l. 2650-2651), qui à la fin de la scène 8 a suffisamment descendu pour qu'on l'identifie : c'est un vautour. On saura, à la scène suivante, par le récit du Mendiant, qu'il a joint ses coups de bec aux coups d'épée d'Oreste.

Ainsi Électre, flanquée de son jeune frère, apparaît entre deux groupes de personnages : contre elle, le couple Égisthe-Clytemnestre et son double dérisoire, Le Président-Agathe ; pour elle, Le Mendiant, La Femme Narsès. Mais le pour et le contre s'inversent à la réflexion : les premiers retenaient Électre sur la pente tragique où elle s'engageait, les seconds la poussent à aller jusqu'au bout de son personnage. On notera en particulier l'inversion des positions respectives d'Égisthe et de Clytemnestre, puisqu'au départ Égisthe seul voulait imposer à Électre ce mariage scandaleux avec le Jardinier, dont heureusement Clytemnestre la protégeait, tandis qu'à la fin Égisthe se retrouve proche d'Électre, et Clytemnestre la plus éloignée.

Chronologies

La *chronologie interne* est simple, et hautement symbolique. L'action s'ouvre dans le plein soleil d'une fin d'après-midi, avec les villageois en costumes de fête, pour le mariage annoncé, et s'enfonce peu à peu dans la nuit. L'acte II commence « peu avant le jour » : la lumière du soleil et celle de la vérité vont se répandre ensemble, jusqu'à « l'aurore » finale, rehaussée par les flammes de l'incendie, dans un dénouement couleur de sang.

Les événements racontés dans la pièce *(chronologie externe)* sont plus complexes. On peut les reconstituer ainsi, en prenant comme repère l'âge d'Électre.

Électre a quinze mois : sa mère, qui a vingt et un ans, porte dans ses bras sa fille Électre et le bébé Oreste, qui tombe.

Électre a environ trois ans quand sa mère envoie Oreste hors du pays (« il avait deux ans », I, 1, l. 97). Déjà Électre amasse dans sa bouche un crachat fielleux (I, 1, l. 199-200).

Électre a environ cinq ans quand son père part pour Troie. Elle attendra « dix ans » son retour — la durée de la guerre de Troie.

Électre a environ onze ans quand commence la liaison d'Égisthe et de Clytemnestre (« depuis dix ans », II, 7, l. 2756).

Électre a environ quinze ans quand son père rentre de guerre. Elle a juste le temps de le toucher (II, 8, l. 2940) avant qu'Égisthe et Clytemnestre ne le tuent comme elle l'apprendra sept ans plus tard, « sept ans » pendant lesquels elle ne dort pas (II, 10, l. 3481).

Électre a vingt et un ans (I, 4, l. 902) quand on veut la marier. Oreste revient à Argos le jour du mariage — le jour de la tragédie.

Le travail de l'écrivain

Selon ses propres déclarations, Giraudoux songeait à *Électre* depuis longtemps. Diverses circonstances peuvent avoir stimulé son imagination dans les années 30, mais on ne sait pas quand il commença à écrire sa pièce. Seul l'acte I était achevé en novembre 1936. L'acte II fut écrit en décembre. La pièce est donnée à l'impression en janvier, mise en répétition en mars, créée en mai : genèse exceptionnellement aisée. La facilité de Giraudoux se trouve confirmée, encore qu'elle n'exclue pas le travail : après quelques esquisses et un premier manuscrit complet, Giraudoux arrive à donner un texte digne d'être dactylographié, mais les corrections s'ajoutant aux transformations, il faut le redactylographier, trois fois s'agissant de l'acte II, cinq fois s'agissant du « Lamento » du Jardinier, et les modifications, additions ou suppressions continueront sur les épreuves et pendant les répétitions.

Giraudoux a bénéficié de son expérience. *Électre* est la huitième pièce qu'il fait jouer. Par exemple, il sait depuis *Intermezzo* que les enfants sont de merveilleux comédiens, très appréciés du public, mais que la législation interdit de les faire veiller plusieurs soirs de suite. De là l'idée de faire grandir les Euménides. Les Petites Euménides, à l'entracte, partent se mettre au lit cependant que d'autres comédiennes, déjà adultes, prennent leur succession.

Pour donner une idée des tâtonnements de l'écrivain au travail : l'acte I dans sa version primitive commence par une scène où le Jardinier dialogue avec un Portier, personnage sans intérêt propre, pure utilité dramatique, qui sera supprimé. Mais ses meilleures répliques seront conservées et confiées au Président. On peut même supposer que certaines de ses méditations sur la justice ont suscité le personnage : «Prends deux groupes d'humains, dans chacun il y a la même dose de crime...»; «Si les coupables n'oublient pas leurs fautes...». Et déjà le dialogue s'engage sur les «femmes à histoires» : «Dix ou quinze femmes à histoires ont sauvé le monde de l'égoïsme[1]», répond le Jardinier. Cette réplique conviendra mieux à Oreste (I, 2, l. 293-294).

Par de semblables ajustements[2], Giraudoux affinait le texte qu'il allait soumettre à ce qu'il considérait comme l'épreuve du feu : la diction des comédiens. Il assistait aux répétitions autant que son emploi du temps le lui permettait. Assis aux côtés de Jouvet (ils avaient leurs fauteuils attitrés, à l'orchestre), il guettait les bégaiements, les enchaînements difficiles, les répliques molles, et réécrivait la tirade sur-le-champ (et sur son genou) tandis que Jouvet épiait sa respiration pour détecter les erreurs d'interprétation et les défauts de la mise en scène.

1. Pléiade, pp. 1560-1561.
2. On verra d'autres exemples, éloquents, dans Jacques Robichez, *Le Théâtre de Giraudoux*, CDU-SEDES, 1976, pp. 104 à 113.

L'œuvre et son public

Dès la création, la critique s'est doublement partagée.
D'une part dans l'*appréciation de l'œuvre* : « une magnifique gerbe d'émotions » (Lalou, dans *Les Nouvelles lit-
téraires*, 26 juin 1937), ou au contraire une pièce « trop
difficile » (R. Kemp dans les *Cahiers de Radio-Paris*,
15 août 1937), d'une « préciosité gratuite » (P. Brisson,
Le Figaro, 16 mai 1937). D'autre part dans l'*interprétation* : tandis que R. Brasillach voit Égisthe comme « le
roi charnel, le héros *fasciste* » et se réjouit que Giraudoux lui ait fait la part belle face à la « cruelle petite
Électre » (*La Revue universelle*, 1er juin 1937), d'autres le
jugent « un opportuniste conservateur » contre lequel ils
soutiennent Électre, incarnation de la « volonté révolu-
tionnaire » (B. Crémieux, *Vendredi*, 21 mai 1937).

Le public, en revanche, avait bien accueilli la pièce,
qui depuis a fait l'objet de plusieurs grandes reprises en
France (1943, 1959, 1964, 1978, 1982) sans jamais sus-
citer l'unanime enchantement ni s'imposer à l'étranger,
à la différence d'autres pièces de Giraudoux : *Amphitryon 38, La guerre de Troie n'aura pas lieu, Ondine, La
Folle de Chaillot* en particulier. Difficile à jouer, *Électre*
demande à être d'abord méditée et savourée comme un
texte de référence, objet de plusieurs thèses en France et
à l'étranger et sujet de controverses toujours passion-
nées, à proportion de son ambiguïté voulue.

Passages clefs

Plus que les répliques qui font coups de théâtre et qui
sont citées dans le résumé de l'intrigue, les « couplets »
chers à Giraudoux forment la véritable trame de
l'action.

Couplet du Président sur la justice (I, 2, l. 338-351) culminant avec la réplique :

« Quand le sommeil des coupables continue, après la prescription légale, à être plus agité que le sommeil des innocents, une société est bien compromise. »

Couplet d'Égisthe sur les dieux (I, 3, l. 463-483) :

« Cher président, je me suis demandé souvent si je croyais aux dieux. [...] Je crois aux dieux. Ou plutôt je crois que je crois aux dieux. Mais je crois en eux non pas comme en de grandes attentions et de grandes surveillances, mais comme en de grandes distractions. »

Couplet du Mendiant sur les hérissons (I, 3, l. 598-620) :

« De ces hérissons écrasés, vous en voyez des dizaines qui ont bien l'air d'avoir eu une mort de hérissons. [...] Et soudain vous en trouvez un, un petit jeune, qui n'est pas étendu tout à fait comme les autres. [...] Son sang, c'est votre sang. [...] Les dieux se sont trompés, ils voulaient frapper un parjure, un voleur, et ils vous tuent un hérisson... Un jeune... »

Couplet du Mendiant sur le mot « se déclarer » (I, 3, l. 715-739) :

« Il ne signifie rien, mon mot « se déclarer » ? [...] Tout se déclare, dans la nature ! Jusqu'au roi. Et même la question, aujourd'hui, si vous voulez m'en croire, est de savoir si le roi se déclarera dans Égisthe avant qu'Électre ne se déclare dans Électre. »

Couplet d'Électre à son frère (I, 8, l. 1275-1306) :

« Tu me dis tout par ta présence. [...] Je ne t'étouffe pas... Je ne te tue pas... Je te caresse. Je t'appelle à la vie. [...] Prends de moi ta vie, Oreste, et non de ta mère ! »

Monologue du Mendiant (I, 13, l. 1613-1695), *avec le couplet du petit canard :*

« C'est l'histoire de ce poussé ou pas poussé que je voudrais bien tirer au clair. [...] La fraternité est ce qui distingue les humains. Les animaux ne connaissent que l'amour... [...] Qu'est-ce qu'il fait, le petit canard, quand il se détache de la bande des canards [...]. Électre n'a donc pas poussé Oreste ! [...] La jeune fille est la ménagère de la vérité, elle doit y aller jusqu'à ce que le monde pète et craque dans les fondements des fondements et les générations des générations, dussent mille innocents mourir la mort des innocents pour laisser le coupable arriver à sa vie de coupable ! »

« Lamento » du Jardinier, avec le couplet sur la pureté de la tragédie (l. 1777-1787) :
« C'est cela que c'est, la Tragédie, avec ses incestes, ses parricides : de la pureté, c'est-à-dire en somme de l'innocence. »

Couplet d'Électre sur le bonheur de l'attente (II, 5, l. 2305-2334) :
« Le seul bonheur que j'ai connu en ce monde est l'attente. [...] Je me réfugiais vers les colonnes, les statues. Je prenais modèle sur elles. [...] Je l'attendais d'un cœur de pierre, de marbre, d'albâtre, d'onyx, mais qui battait et me fracassait la poitrine... »

Couplet d'Égisthe sur la patrie (II, 7, l. 2675-2722) :
« Ô puissances du monde [...] soudain vous m'avez montré Argos, comme je ne l'avais jamais vue, neuve, recréée pour moi, et me l'avez donnée. Vous me l'avez donnée toute, ses tours, ses ponts, les fumées qui montaient des silos des maraîchers, première haleine de sa terre... »

Couplet antithétique d'Électre (II, 8, l. 2988-3025) :
« Vous tombez mal, Égisthe. A moi aussi, ce matin [...] il m'a été fait un don. [...] On m'avait donné le dos d'un haleur, tirant sur sa péniche, on m'avait donné le sourire d'une laveuse, soudain figée dans son travail, les yeux sur la rivière... »

Couplet de Clytemnestre (II, 8, l. 3216-3258) :
« Oui, je le haïssais. [...] Du jour où il est venu m'arracher à ma maison, avec sa barbe bouclée, de cette main

dont il relevait toujours le petit doigt, je l'ai haï. [...] Le roi des rois, quelle dérision ! [...] C'était le fat des fats, le crédule des crédules... »

Couplet de la femme Narsès et réponse finale du Mendiant (I, 10, l. 3495-3505) :

« Comment cela s'appelle-t-il, quand le jour se lève, comme aujourd'hui, et que tout est gâché, que tout est saccagé, et que l'air pourtant se respire, et qu'on a tout perdu, que la ville brûle, que les innocents s'entre-tuent, mais que les coupables agonisent, dans un coin du jour qui se lève ? — ÉLECTRE : Demande au mendiant. Il le sait. — LE MENDIANT : Cela a un très beau nom, femme Narsès. Cela s'appelle l'aurore. »

Biographie de Jean Giraudoux (1882-1944)

29 octobre 1882. — Naissance à Bellac (Haute-Vienne). Sa mère est la fille du vétérinaire. Son père, fils de paysan, va bientôt quitter les Ponts et Chaussées pour l'administration des Finances. De mutation en mutation à travers l'Indre et l'Allier, il finira sa carrière comme percepteur à Cusset, près de Vichy.

1890-1893. — Élève de l'école communale de Pellevoisin (Indre).

1893-1900. — Excellent élève, interne, au lycée de Châteauroux.

1900-1902. — Khâgne au lycée Lakanal de Sceaux.

1903-1907. — Après son service militaire, quatre années à l'École normale supérieure, interrompues par un séjour d'un an à Munich comme étudiant boursier, et terminées par un échec à l'agrégation d'allemand.

1907-1908. — Fellow à l'université Harvard.

1908-1910. — Prépare le concours des ambassades tout en gagnant sa vie au *Matin* (rubrique des *Contes*). Publie *Provinciales* (1909).

1910-1914. — Élève vice-consul à la direction politique et commerciale du Quai d'Orsay. Publie *L'École des Indifférents* (1911).

1914-1918. — Blessé deux fois, sur la Marne (1914) et aux Dardanelles (1915), finira sa guerre dans les hôpitaux, entre deux missions au Portugal et aux États-Unis. Publie trois volumes de récits de guerre : *Lectures pour une ombre* (1917), *Amica America* (1918), *Adorable Clio* (1919).

1919-1939. — Devenu secrétaire d'ambassade, fait carrière jusqu'au grade de ministre plénipotentiaire, inspecteur général des postes diplomatiques (1934-1939), tout en consacrant l'essentiel de son temps à ses activités de romancier (*Siegfried et le Limousin*, 1922, *Juliette au pays des hommes*, 1924, *Bella*, 1926, *Églantine*, 1927), puis d'auteur dramatique à partir de *Siegfried* (1928) et d'essayiste (*Racine*, 1930, « La Femme 1934 », *Les Cinq Tentations de La Fontaine*, 1938, *Pleins pouvoirs*, 1939).

1939-1944. — Commissaire général à l'Information pendant la « drôle de guerre », il prend sa retraite de fonctionnaire en janvier 1941 et se consacre à son œuvre théâtrale (*L'Apollon de Bellac*, 1942, *Sodome et Gomorrhe*, 1943), cinématographique (*La Duchesse de Langeais*, 1942, *Les Anges du péché*, 1943) et politique *(Sans pouvoirs)*.

31 janvier 1944. — Meurt à Paris d'un empoisonnement du sang.

21 décembre 1945. — Première représentation de *La Folle de Chaillot* par Louis Jouvet et sa troupe, revenus d'Amérique, en présence du général de Gaulle.

Bibliographie

Éditions

La plupart des œuvres de Giraudoux ont été et sont toujours éditées par Grasset. Nous reproduisons l'édition parue chez Grasset en 1937, en évitant les quelques erreurs typographiques que nous avons corrigées. L'édition établie par Colette WEIL pour la bibliothèque de la Pléiade (Gallimard, 1982) s'impose pour une étude plus approfondie.

Études générales

ALBÉRÈS, R.M., *Esthétique et morale chez Jean Giraudoux*, Nizet, 1957, 570 pages.

BODY, J., *Jean Giraudoux et l'Allemagne*, Didier, 1975, 522 pages.

ROBICHEZ, J., *Le Théâtre de Giraudoux*, CDU-SEDES, 1976, 290 pages.

Correspondance entre Jean Giraudoux et Louis Jouvet, présentée par B. DAWSON, *Cahiers Jean Giraudoux* n° 9, Grasset, 1980.

Jean Giraudoux, numéro spécial de la *Revue d'histoire littéraire de la France*, sept.-déc. 1983.

BODY, J., *Jean Giraudoux, la légende et le secret*, P.U.F., 1986, 177 pages.

Études sur Électre

BRUNEL, P., *Le Mythe d'Électre*, 1971 ; nouvelle édition sous le titre : *Pour Électre*, Colin, 1982, 192 pages (le thème d'Électre, d'Eschyle à nos jours).

WEIL, C., « *Électre* à l'époque de la création », *Cahiers Jean Giraudoux* n° 5, 1976.

DUNEAU, A., « Le pouvoir d'Électre », *Cahiers Jean Giraudoux* n° 7, 1978.

Enfin, on notera que Jean-Pierre Giraudoux, fils de Jean et auteur du *Fils* (Le Livre de Poche, 1985), préfacier du présent volume, a lui aussi publié chez Grasset une *Électre* (1965).

Notes

Page 12.

1. Giraudoux aime brouiller les temps par de tels anachronismes (voir plus loin l'*échauguette* empruntée à nos châteaux forts). Ainsi, nous saurons que ce palais qui rit et qui pleure est l'image de la vie qu'on y mène, mais aussi de toute vie en tout lieu et à toutes les époques, y compris la nôtre.

Page 14.

1. Ces fleurs de nos jardins portent un nom grec qui signifie *flamme*.

2. Ces Euménides ont pu inspirer Sartre quand il a intitulé *Les Mouches* sa première pièce (1943), qui porte sur le même thème.

Page 23.

1. Du latin *imminere* (menacer), Giraudoux a tiré le verbe *imminer*, néologisme immédiatement compréhensible grâce à l'adjectif *imminent*, et qui relève la prose du Président d'un piment de Saint-Simon.

Page 29.

1. De ce couplet nourri de philosophie antique, et de souvenirs de Pascal (les deux infinis) et de Voltaire (Micromégas), on retiendra deux thèmes particulièrement chers à Giraudoux : l'humanité comme moisissure, les signes comme instruments d'un dialogue avec l'au-delà.

Page 33.

1. Que signifie cet apologue des hérissons ? L'essentiel est que ni Égisthe ni les spectateurs ne le comprennent clairement, la fonction du Mendiant en est d'autant plus claire : ivrogne ou devin, il introduit dans la conscience de tous le sentiment d'un

mystère qui les dépasse, et l'idée d'une fatalité aveugle qui confond animaux et humains aussi bien qu'innocents et coupables.

Page 36.

1. Comme tels événements (guerre, épidémie...), voilà que les êtres aussi « se déclarent », autrement dit découvrent et révèlent ce qu'ils sont. Cette construction absolue est une extension d'un usage classique (« Il a parlé, Madame, et Pyrrhus se déclare ») confortée par une expression cynégétique : un chien « se déclare » quand il commence à chasser.

Page 45.

1. « Être à dire » (= manquer) est un *archaïsme* qui a survécu comme *provincialisme* dans le Sud-Ouest. Façon d'enrichir la langue contemporaine par un double ressourcement, savant et populaire. Même chose pour « échapper » (= laisser échapper), l. 1102 et 1356.

Page 60.

1. Giraudoux prend souvent les légendes à contre-pied. Mais peut-être aussi faut-il penser que Clytemnestre n'a jamais aspiré qu'au bonheur. Cette ambiguïté commande la succession des scènes 11 et 12 : où est le mirage, où est la vérité ?

Page 62.

1. Voix du silence, lumière dans l'ombre : le Mendiant à la fois souligne et détend l'émotion. Bel exemple de *catharsis* théâtrale tourné en accéléré, comme certaines séquences de Chaplin qui font soudain rire et pleurer.

Page 71.

1. En empruntant au vocabulaire musical le titre de « Lamento », Giraudoux sort délibérément de la dramaturgie classique et marque, en marge (« entracte ») de la tragédie, une pause musicale et poétique, formellement séparée de l'action. Le Jardinier n'est plus « dans le jeu », il n'est plus qu'un spectateur... pas tout à fait comme les autres puisqu'il vient faire ses commentaires devant le rideau et puisqu'il a le don de pressentir le dénouement, et la fonction d'y préparer les autres.

Page 73.

1. Disant toujours un peu « le contraire de ce qu'(il) veut dire », le Jardinier, en homme simple qu'il est, va faire passer

une idée subtile : la réversibilité des choses. Glissant de la pureté chimique (« on réussit les expériences ») à la pureté esthétique (« la tragédie ») et à la pureté morale (« l'innocence »), il amène l'équation : cruauté égale amour. Déjà il avait confondu mort et naissance, pauvreté et richesse. Il finira par identifier providence et dérélection, parole et silence. Paradoxes aussi naïfs que profonds, qu'on pourrait rapprocher du mot de Pascal : « Tu ne me chercherais pas si tu ne m'avais trouvé », à ceci près que, pour Giraudoux, ce mot ne vient pas forcément ni seulement de Dieu, mais de tout être, de toute chose, de tout sentiment et de toute pensée.

2. *Incestes, parricides* : on songe à Œdipe ; *pharaonne*, à Cléopâtre ; *le maréchal* : Marmont, dans *L'Aiglon* ? *Le duc* : don Ruy Gomez, dans *Hernani* ? Ne cherchons pas trop à déchiffrer ces allusions vagues : le Jardinier n'est pas un érudit.

Page 79.

1. Complot dont Égisthe a déjà eu vent (voir l. 1450).

Page 83.

1. « Jeune, beau et prince » : les Euménides viennent de faire chacune un couplet sur la royauté, l'amour, le printemps. Électre récapitule dans l'ordre inverse.

Page 84.

1. Le songe révélateur, vieille « ficelle » de la tragédie classique, est ici épuré de toute vraisemblance et de tout réalisme.

Page 88.

1. Selon que l'on approuve ou désapprouve cette phrase de Clytemnestre, Électre sera condamnée ou applaudie. A chacun d'être juge.

Page 89.

1. Depuis le sacrifice d'Iphigénie, Électre ne semble pas avoir d'autre sœur que Chrysothémis nommée l. 3135. Faut-il entendre, comme en latin, *cousines, amies, compagnes* ? Le pluriel cesserait d'être étonnant et prendrait une valeur aussi vague que noble, tout en marquant que Clytemnestre, dans son féminisme, se soucie d'abord de ses... sœurs.

Page 106.

1. « Leur Pallas » : à croire qu'Athéna (autre nom de Pallas), déesse protectrice d'Athènes, n'était pas aussi l'objet d'un culte à Argos...

Page 109.

1. Allusion à la légende du roi Midas, dont le secret fut ébruité par les roseaux auxquels il l'avait confié.

Page 117.

1. La tirade d'Électre répond point par point à celle d'Égisthe. L'un songe d'abord aux *richesses* de sa *patrie*, l'autre à tous les *miséreux* de l'*univers*.

Page 122.

1. Nouveau paradoxe : l'adage latin dit au contraire que « Jupiter rend fous ceux qu'il veut perdre ».

Page 130.

1. Ce dernier cri, Égisthe l'avait déjà sur les lèvres l. 2585, et dès l'acte I (l. 870-877) il avait sursauté quand le Mendiant l'avait lancé.

2. « Il me rattrape » laisse penser que le Mendiant jusque-là devançait, prédisait l'événement — bref, récitait la légende, l'action n'en étant qu'une réitération.

Page 132.

1. Trois répliques plus haut, Électre énumérait les trois choses qui étaient « tout » pour elle : sa conscience, Oreste, la justice. De réplique en réplique, elle a dû supprimer l'une, puis l'autre. Sur cette lancée, les explications de la femme Narsès ne lui enlèvent-elles pas la troisième ? La justice n'est-elle pas abolie quand « tout est gâché » et que « les innocents s'entretuent » ?

2. Devant le terrible tableau qui porte ce « très beau nom », plus d'un commentateur a traduit, comme V.-H. Debidour : « Dieu nous préserve de l'aurore d'Électre ! » et rapproché ce dénouement d'une réplique de *Judith* (III, 2, Pléiade, p. 257) : « Le ciel plein de pus et d'or [...], l'aurore comme ils disent... » Mais c'est aussi le moment de se rappeler la loi de réversibilité établie par le Jardinier : l'aurore, c'est le moment où la nuit se fait jour. L'espoir renaît sur un monceau de ruines.

Table

Préface de *Jean-Pierre Giraudoux* 5

ÉLECTRE

Acte I 11
Entracte : Lamento du Jardinier 71
Acte II 75

COMMENTAIRES

Originalité de l'*Électre* de Jean Giraudoux 135
Thèmes et personnages 138
    L'intrigue, 138. - Les personnages, 140. - Chronologies, 146.
Le travail de l'écrivain 147
L'œuvre et son public 149
Passages clefs 149
Biographie 152
Bibliographie 154

NOTES 155

Crédit photos

Roger Viollet-Lipnitzki pp. 19, 31, 59.
Bernand p. 85, 113.

Composition réalisée par C.M.L., Montrouge

IMPRIMÉ EN FRANCE PAR BRODARD ET TAUPIN
Usine de La Flèche (Sarthe).
LIBRAIRIE GÉNÉRALE FRANÇAISE - 6, rue Pierre-Sarrazin - 75006 Paris.

ISBN : 2 - 253 - 00129 - 5   ⬦ 30/1030/3